Christoph Maria Michalski

…da war was mit Konflikten - 1

rostiger Charme und spitze Feder

www.tredition.de

© 2020 Christoph Maria Michalski
Umschlag: Christoph Maria Michalski
Lektorat: Christoph Maria Michalski
Titelbild: Hergen Schimpf
Bilder: Pixabay 3D Man

Verlag & Druck: tredition GmbH, Halenreie 40-44, 22359 Hamburg

ISBN
Paperback   978-3-347-22136-9
Hardcover   978-3-347-22137-6
e-Book   978-3-347-22138-3

Bibliografische Information der Deutschen Nationalbibliothek:

Die Deutsche Nationalbibliothek verzeichnet diese Publikation in der Deutschen Nationalbibliografie; detaillierte bibliografische Daten sind im Internet über http://dnb.d-nb.de abrufbar.

Es gab bisher bei Konflikten keine Situation, wo ich dachte: „Jetzt müsste ich jonglieren können!"

Eher der Wunsch: „Jetzt müsste ich die Klappe halten!"

Ich übe jetzt jonglieren!

Danke an alle, die mich freundlich, interessiert bis hin zu liebevoller Umarmung in meinem bisherigen Leben begleitet haben.

Ihr gebt mir Kraft.

Danke an alle, die mich meiden, unsympathisch finden, die den Kontakt mit mir abgebrochen und mich verletzt haben.

Ihr gebt mir den Antrieb,
mein Profil weiter zu schärfen und täglich voranzuschreiten.

Danke an alle,
die mein Buch lesen werden und sich in eine Kategorie einordnen.

Ich freue mich, Euch kennenzulernen!

Inhaltsverzeichnis

Einleitung

Mein umfassendes Grundlagenwerk habe ich mit „Der Konflikt-Bibel" beim GABAL Verlag der Welt hinterlassen.

Kurze, pointierte Schriftstücke kann ich mir nicht verkneifen. Sie erscheinen als Blog, Artikel und Posts auf Social-Media-Plattformen, bei denen ich mittlerweile eine treue Fangemeinde haben.

Ich bin immer wieder erstaunt, wie viele Druck-Erzeugnis zu den jeweiligen Themen erscheinen: Das xt-e Buch über Einwandbehandlung für Verkäufer, Besser kommunizieren, Online Marketing bis zum Millionär usw.

Dafür werden neue Marketingstrategien entwickelt, mit denen bei kostenlosem! Bezug des Buches über die Portokosten Gewinne erzielt werden.

Meins: Aus anderen Perspektiven, weniger Mainstream, kleine Sticheleien und deutliche Standpunkte, für das alles schon mein Vater als Dorflehrer berühmt war.

Würzige Texte hinterlassen eher eine Wirkung und regen zum Nachdenken an, gerade wenn es am Anfang gustatorisch knistert.

Das Kauen nicht vergessen und bon Appetit!

P.S. Bei jedem Artikel steht das Datum des Entstehens- manches mutet heute zu Tage skurril an- der Kontext hat sich geändert.

Kapitel Mensch

„Der Mensch ist gut, nur die Leute sind schlecht"
nach Karl Valentin oder Johann Nestroy sind die passenden Worte für dieses Kapitel.

Der Mensch an sich ist im direkten Umfeld zugänglich, zärtlich und zugewandt. Ab einer gewissen Gruppengröße oder einem sozialen Umfeldradius fängt er an zu mutieren.

Positionsrangeleien, Rampentiere, ach alle sieben Grundgefährdungen auf einem Haufen:

- Stolz
- Habsucht
- Neid
- Zorn
- Unkeuschheit
- Unmäßigkeit
- Trägheit

Sie sind oft Wurzel weiterer Sünden.

Anregungen dazu finden sich in diesem Kapitel.

Wertschätzung- den Wert durch das Handeln schätzen.

04/2020

Auch wenn es nicht meiner ist! Ich unterstütze Corona-Risikogruppen ehrenamtlich mit Einkaufen gehen und andere kleine Besorgungen.

Bei einem Rentnerehepaar rufe ich vorher an, wann ich vorbeikomme und was der Einkauf gekostet hat. Bei der Übergabe der Waren und Quittung, Betrag 24,73€, fragt mich die Frau, ob ich 27 Cent rausgeben kann, dass sie es nicht passend hat.

Achtung mit der jetzt aufpoppenden Reaktion! – Es zeigt sich, ob Achtsamkeit, Wertschätzung und Co. im eigenen Geist verankert sind oder nur leere Worthülsen, die aus Coachingbüchern stammen.

Ich bin, was Geld angeht, relativ großzügig; im Restaurant finde ich es ok, wenn alle jeweils 30€ auf den Tisch schmeißen und der Rest Trinkgeld ist. Es gibt fast immer einen, der dann sagt „Ich hatte aber keinen Nachtisch, ich zahle nur 25€!" Sein Wert ist Sparsamkeit und ohne Bewertung anzuerkennen.

Meine erste Reaktion ist innerliches Augenverdrehen und lautlos Aufstöhnen-Warum muss der so pingelig sein?

Diese Spontanbewertung ist vollkommen in Ordnung und akzeptabel. Die Natur hat das als schnellen Überlebensmechanismus gegen Reizüberflutung eingebaut. Dann läuft es weiter vorn im Hirn durch die Bewusstseinsschleife. Ich bin ok. -Du bist ok.

Das Entscheidende ist letztendlich das Handeln, am Beispiel der Nachbarschaftshilfe:

„Mein Vorschlag ist, dass Sie mir vorher einen realistischen Betrag aushändigen, mit dem ich bezahle und dann habe das Wechselgeld passend!"

Für mich viel weniger Aufwand und den anderen wert-schätzend!

Der wahre Virus ist Egoismus!

03/2020

Natürlich ist es eine Gefahr, eine Bedrohung, die uns alle angeht.

Da nutzt es auch nichts zu relativieren, dass an einer normalen Grippe viel mehr Menschen erkranken und sterben als an Corona. Was bei dieser Hysterie und Panik momentan nach oben gespült wird, ist die zeitgemäße Form von Egoismus.

Die Hamsterkäufe zeigen, dass in Extremsituationen jeder nur an sich selbst denkt. Da werden Desinfektionsmittel und Gesichtsmasken gekauft, die einen ganzen Ortsteil über Jahre versorgen würden – die medizinischen Einrichtungen fehlen diese Gegenstände. Angeblich ist es der Selbsterhaltungstrieb und die individuelle Risikoabschätzung, sagen Fachleute.

Menschen sind Gemeinschaftswesen und ohne die Gemeinschaft würden wir nicht lange überleben können. Jetzt kommt der gewagte Sprung in die neue digitale Welt:

Dieser Egoismus wird durch die Neuen Medien stark fördert. Ich kann mich darstellen, bekomme Publikum und eine Reichweite, die mit bisherigen Medien nicht möglich war. Ich setze Filter ein, arrangiere die Bilder und bringe nur das nach außen, was mich vorteilhaft erscheinen lässt. Und das Ganze noch in meiner sogenannten Blase, also bei den Menschen, die ich mir in meinem virtuellen Freundeskreis ausgesucht habe.

Ein Influencer wird das nur durch seine Follower!

Das ist der entscheidende Satz, der die Kausalität entlarvt. Deren Einflussnahme erfolgt also durch die Folgschaft der Fans und durch die eigene Leistung des Influencers.

Die Kunst ist es, zwischen dem Ich und dem Wir eine Balance zu finden. Das zu schaffen in der sich immer schneller drehenden Welt wird schon für die Erwachsenen schwer. Wie bereiten wir unsere Kinder darauf vor? Aber ich schweife ab….

Wenn jeder Arzt und medizinisches Personal nur an sich denken würden- wem kann ich dann einen vorhusten?

Konfliktfalle Weihnachtsfeier

11/2019

Oh du Vorsichtige!

Manche freuen sich schon seit Oktober darauf, für andere könnte sie auch ruhig ausfallen: Die Rede ist von der alljährlichen Firmenweihnachtsfeier. Auf den ersten Blick klingt es passabel. Gutes Essen, Alkohol, festliche Stimmung – und der Chef zahlt. Idealerweise ist dieser Abend auch die Gelegenheit, neuere Kollegen abseits der Schreibtische ein bisschen besser kennenzulernen. Und selbst die stilleren Vertreter tauen oft nach dem zweiten Sekt auf und werden überraschend redselig. So weit, so gut. Was Sie aber im Hinterkopf behalten sollten: Die Weihnachtsfeier ist traditionell auch der Ort, an dem betriebliche Konflikte plötzlich aufbrechen. Manche Karriere hat dabei einen irreparablen Knick bekommen.

Vorsicht, Alkohol!

Es heißt zwar „in vino veritas", – doch so manche Wahrheit sollten Sie besser diplomatisch für sich behalten. Auch wenn es auf den ersten Blick eine einfache Idee zu sein scheint, die Ansprache des Chefs durch lautstarke Zwischenrufe richtigzustellen. Oder dem nervigen Kollegen mal auf die Schulter zu hauen und ihn ironisch zu beglückwünschen, dass er es richtig mühelos hinbekommt, die kniffeligen Aufgaben immer auf andere abzuwälzen. Generell gilt für den Umgang mit Alkohol: Kennen Sie Ihre Grenzen! Wer ansonsten wenig bis gar nichts trinkt, sollte sich auch jetzt nichts aufschwatzen lassen oder das Gefühl haben, den anderen etwas beweisen zu müssen. Denn egal, wie Sie es anstellen: Es wird sich niemals positiv auf Ihr Ansehen beim Chef auswirken, wenn Sie „Atemlos durch die Nacht" grölend über die Tanzfläche torkeln.

Lästern ist tabu

Und auch im nüchternen Zustand sollten Sie sich klar an eine Regel halten: Lästern ist tabu! Auch wenn irgendwann alle im „Beste-Freunde-Modus" zu sein scheinen. Unter Umständen erzählen Sie leichtfertig etwas, dass Sie am nächsten Tag lieber für sich behalten hätten. So entstehen Gerüchte – und landen am Ende schlimmstenfalls bei der Person, die auf keinen Fall davon Wind kriegen sollte. Auf diese Weise wird die Situation garantiert nicht einfacher, Sie gießen eher noch zusätzlich Öl ins Feuer. Auch wenn Sie sicherlich gute Gründe für Ihre Meinung haben – die Weihnachtsfeier ist nicht der richtige Ort dafür. Ich kann Ihnen nur dazu raten, bei Konflikten klugerweise in die direkte Kommunikation zu gehen, anstatt noch mehr Leute mit hineinzuziehen. Vereinbaren Sie also lieber ein Gespräch mit dem besagten Kollegen oder der Kollegin, um das bestehende Problem aus der Welt zu schaffen.

Gesprächsthemen sorgfältig wählen

Je später die Stunde, umso vertrauter die Gespräche? Bei der Weihnachtsfeier sollten Sie besser zweimal überlegen, ob Sie das Thema wirklich ansprechen wollen., wenn sie gerade alle so gemütlich beisammen-sitzen: Manche Themen sind und bleiben heikel. Kommen politische und religiöse Ansichten auf den Tisch, kann die Stimmung schnell kippen. Hier ist Rücksicht gefragt! Fühlt sich ein Kollege verletzt, kann das noch deutlich längere Auswirkungen auf die Zu-sammenarbeit haben.

Don't f*** the company

Und noch ein kurzer Hinweis zu zwischenmensch-lichen Anbahnungen: Klar ist flirten erlaubt. Studien belegen, dass sich schon jeder Fünfte mal in einen Kollegen oder eine Kollegin verguckt hat und jeder Siebte im Büro die große Liebe gefunden hat. Aber vor den Augen der gesamten Belegschaft rumknutschen? Wenn Sie nicht zum Klatschthema Nummer 1 werden wollen, empfiehlt sich eher Zurückhaltung. Verabre-den Sie sich mit dem Ziel Ihrer Begierde also lieber zum Weihnachtsmarktbesuch nach Feierabend in den nächsten Tagen.

No-Show ist ein No-go!

Zugegeben, eine Weihnachtsfeier bringt einiges an Stolperfallen und Fettnäpfchen mit sich. Also lieber gar nicht erst hingehen? Falls Ihnen diese Option ver-lockend erscheint: Das geht gar nicht. In den meisten Unternehmen ist die Teilnahme an der Weihnachts-feier sowieso verpflichtend. Und selbst wenn nicht: Wer nicht hingeht, signalisiert, dass er keinen großen Wert darauf legt, mehr Zeit als nötig mit den Kollegen zu verbringen – und streut so unnötigen Konfliktsand ins Getriebe. Es sagt keiner, dass Sie den Laden mit schließen müssen. Aber für zwei bis drei Stunden sollten Sie auf jeden Fall dabei sein.

In diesem Sinne wünsche ich Ihnen eine schöne und vor allem konfliktfreie Weihnachtsfeier!

Wir brauchen die „Lauten" UND die „Leisen"!

08/2020

Wie Sie Konflikte zwischen intro- und extrovertierten Mitarbeitern zukünftig vermeiden.

Meetings, Teamevents, Großraumbüros: Auf den ersten Blick sieht es so aus, als würde die Arbeitswelt den lauten, extrovertierten Menschen gehören. Für die „stillen Wasser" hingegen wird der Alltag im Büro schnell zum Kraftakt. Oftmals fühlen sie sich von Vorgesetzten übersehen oder haben das Gefühl, dass immer die Extrovertierten die Lorbeeren einheimsen. Fakt ist: Es gibt kaum einen Persönlichkeitsunterschied, der für mehr Unverständnis und Missstimmung im Berufsleben sorgt. Prallen die beiden Pole aufeinander, fliegen schnell die Fetzen. Und das völlig unnötig! Denn introvertierte und extrovertierte Menschen können zusammen ein echter Gewinn für jedes Unternehmen und sich selbst sein. Vorausgesetzt, es gelingt allen Beteiligten, über den Konflikttellerrand zu schauen.

Emotionen im Blick

Haben Sie sich schon mal überlegt, was ein Konflikt eigentlich ist? Neutral betrachtet, handelt es sich dabei lediglich um eine Panne oder ein Problem. Dinge, die jedem von uns passieren können. Zum Konflikt wird die Situation erst, wenn Emotionen ins Spiel kommen. Konfliktmanagement ist demnach reines Emotionsmanagement. Egal ob Wut, Enttäuschung oder Eifersucht: Emotionen in Konflikten zeugen immer davon, dass Bedürfnisse nicht erfüllt werden. In der Regel handelt es sich dabei um Zugehörigkeit, Wachstum oder Sicherheit.

Ein Beispiel gefällig? Zwei Kollegen haben sich auf die intern ausgeschriebene Stelle als Abteilungsleiter beworben– der Extrovertierte bekommt den Job. Und das, obwohl er seinen Kollegen oft ins Wort fällt und seine Projekte eher nach dem Motto „schnell statt ordentlich" bearbeitet. Hier fühlt sich der introvertierte Mitarbeiter klar übergangen, da er sich als fachlich wesentlich besser qualifiziert wähnt. Sein Bedürfnis nach Wachstum wird demnach nicht erfüllt – kein Wunder also, wenn es von da an in der Zusammenarbeit mit dem Extro-Kollegen kriselt.

Passende Aufgaben für jeden Mitarbeiter

Aus meiner Sicht sind hier Führungskräfte gefragt, genauer hinzuschauen. Denn gerade in der heutigen Zeit kommt es mehr denn je darauf an, dass der richtige Mensch an der richtigen Stelle sitzt. Ich möchte hier allerdings nicht von „falsch" oder sprechen. Lasst uns bitte die Wertung vermeiden! Wählen wir also lieber „günstig" oder „ungünstig". Sprich: Um ein erfolgreicher Comedian zu sein, wäre es schon gut, eine gewisse Begeisterung daran zu haben, sich zu produzieren und offen auf Geschöpfe zuzugehen. Als Lektor oder Lagerverwalter würde dieser hingegen wenig Freude haben, worunter zweifelsfrei auch Motivation und Leistung leiden. Für diese Stelle wäre ein Mensch prädestiniert, der einen für sich ordnenden und selbst-arbeitenden Stil hat und lieber allein statt im Team arbeitet. Es macht also definitiv Sinn, bei der Aufgaben-verteilung auch ein Auge auf die Stärken der Mitarbeiter zu haben und sie bestmöglich einzubinden.

Die Verantwortung dafür sehe ich jedoch keines-falls bei den Chefs allein, sondern auch bei den „Betroffenen". Jeder sollte sich selbst fragen, wo seine Stärken liegen. Und was er tun kann, um die Aufgaben zu bekommen, die ihm entgegenkommen. Das bedeutet gerade für die Introvertierten, auch mal über den eigenen Schatten zu springen und den Mund aufzumachen! Also: Nicht schmollen, weil der Chef einem die Präsentation aufgedrückt hat. Sondern stattdessen aktiv ansprechen, dass die Kollegin diese Aufgabe viel lieber übernehmen und man selbst die zuarbeitende Rolle im Hintergrund spielen möchte. Und damit es anschließend keinen Knatsch gibt, wenn sich die Vortragende im Lob sonnt: Ein Dank an die Zusammenarbeit mit dem Intro-Kollegen sollte obligatorisch sein. Auf diese Weise gelingt es, dass auch scheinbar absolut gegensätzliche Menschen konstruktiv und für sich selbst erfüllend für das Unternehmen arbeiten können.

1.000 Tage rauchfrei

11/2019

…den inneren Konflikt mit „Stützrädern" lösen.

Bald ist es wieder soweit: Am 31. Dezember werden viele Raucher sich für das nächste Jahr vornehmen, endlich mit dem Rauchen aufzuhören.

Und nicht wenige von ihnen werden am Ende des nächsten Jahres wieder mit einer Zigarette in der Hand das Feuerwerk ansehen … Ein erfolgreicher Rauchstopp ist die eine Sache. Die größere Herausforderung besteht darin, den Verzicht auch langfristig durchzuhalten. Und dafür zu sorgen, dass es sich nicht wie ein schmerzhaftes Kasteien anfühlt, sondern wie ein Erfolg. Ich weiß, wovon ich spreche, denn ich bin jetzt 1.000 Tage rauchfrei. Was mir dabei geholfen hat, erfahren Sie in diesem Artikel. Lieber cool oder gesund sein? Meine Raucherkarriere begann in der Schulzeit. Selbstgedrehte waren damals cool – und wer will schon nicht zu den coolen Jungs gehören? Ich bin heute froh, dass ich zumindest nie der Typ war, der morgens mit der Fluppe im Mundwinkel aus dem Bett gefallen ist und sich abends Löcher in die Bettdecke gebrannt hat. Ich war immer das, was ich als klassischen „Genussraucher" bezeichnen würde. Ein paar Kippen abends nach getaner Arbeit im gemütlichen Kreis, auf Feiern … eben zur Entspannung und Belohnung. Hinzu kommt, dass ich leidenschaftlicher Biker bin. Und es gab mir viele Jahre anhaltend/dauernd das „Gefühl der großen Freiheit", wenn ich mich während einer Pause ein Zigarillo anzündete und dabei cool in Lederkluft an meiner Maschine lehnte. Der innere Konflikt, besser mit dem Rauchen aufzuhören, bestand jahrelang. Aber Sie wissen ja, wie das mit Konflikten so ist. Ich habe ihn erst mal lange Zeit ignoriert. Obwohl mir klar war, dass es besser wäre, mich damit auseinanderzusetzen. Denn rein objektiv betrachtet war es idiotisch, als Bronchialasthmatiker überhaupt zu rauchen. Mindestens zweimal Bronchitis im Jahr, eingeschränkter Geruchssinn, bemitleidenswerter Husten ... geil war das nicht. Auf in den Kampf! Was mir schlussendlich geholfen hat, meinen inneren Konflikt anzugehen? Ich habe ihn kategorisiert – und mich angebracht für eine Vorgehensweise entschieden. Aus meiner Erfahrung lassen sich 80 Prozent aller Konflikte lösen, indem man sie einer von drei Kategorien zuweist und dann entsprechend handelt. Glauben Sie mir, es funktioniert – egal, wie kompliziert Ihnen die Situation auf den ersten Blick erscheint.

1. Debatte: Hier ist es essenziell, dass eine Seite potenziell bereit ist, ihre Meinung aufzugeben. Eine Debatte mit mir selbst über das Rauchen erschien mir allerdings wenig zielführend, da die gesundheitlichen Argumente mich bisher auch nicht gestoppt hatten.

2. Spielregeln: Klare Regeln, die den Konflikt beilegen – und bei einem Verstoß zu Konsequenzen führen. Das funktioniert, wenn Ihr Partner Ihnen droht, Sie zu verlassen, wenn Sie nicht mit dem Rauchen aufhören. In meinem Falle war auch diese Kategorie keine Option. Blieb nur noch die Letzte:

3. Kampf: Sieg oder Untergang, eine andere Chance gab es für mich nicht. Also musste ich dafür sorgen, dass ein Rückfall zum Glimmstängel für mich spürbare Konsequenzen hätte. Unterstützung habe ich mir dabei in Form von „Stützrädern" geholt:

- Ich habe allen erzählt, dass ich mit dem Rauchen aufhören werde, um mir entsprechend sozialen Druck aufzubauen.

- Ich habe begonnen, ein Erfolgstagebuch zu schreiben und am Rand jeweils die Zahl der rauchfreien Tage zu notieren. An den großen Meilensteinen wie 250, 500 oder 750 Tagen habe ich mich entsprechend mit Genusszeit – natürlich ohne Zigarette – belohnt.

- Ich habe mich zum Berlinmarathon angemeldet und mir immer wieder vorgestellt, wie ich durchs Ziel laufe. Das hat mich unglaublich motiviert und mich mehrfach davon abgehalten, in die Zigarillo-Kiste zu greifen.

Ich habe es geschafft. Ich bin seit 1.000 Tagen rauchfrei – und die Medaille, die von meiner Teilnahme am Berlinmarathon 2018 zeugt, hängt an der Wand. Was Sie bei allen guten Vorsätzen nie vergessen dürfen: Ein Raucher wird niemals zum Nichtraucher werden. Er wird immer ein Ex-Raucher bleiben. Und in meinem Falle einer, der weiterhin die Tage zählen wird. Das Muster der Entspannung und Belohnung löscht sich nicht von heute auf morgen, aber es lässt sich nach und nach überschreiben. Ich wünsche Ihnen viel Erfolg dafür!

Lästern ist gesund

08/2020

…aber bitte in homöopathischen Dosen!

„Na, dann viel Spaß … das wird garantiert nicht klappen. Beim Bruder meines Schwippschwagers hat das Wochen gedauert … ich habe gehört, dass das gar nicht so leicht ist …"

Kommen Ihnen Stimmen wie diese bekannt vor? Wer solche Freunde hat, braucht definitiv keine Feinde mehr. Warum ermutigen wir unser Gegenüber nicht zur Abwechslung mal? Doch statt eines freundlichen „Das schaffst du schon!", gehen wir lieber sofort in den Lästermodus.

„Du sollst deinen Nächsten lieben wie dich selbst", heißt es schon in der Bibel – und das schließt heimliche Lästereien und abfällige Bemerkungen aus. Trotzdem ist das stille Vergnügen daran schätzungsweise so alt wie die Menschheit selbst. So spricht beispielsweise der Philosoph Sokrates von den „drei Sieben". Was es damit auf sich hat? Bevor ein Mann Sokrates eine Geschichte erzählen konnte, wurde er mit drei Fragen gestoppt: „Ist es wahr, was Du mir erzählen möchtest? Ist es gut? Und ist es notwendig?" Ein kluger Mann und somit gewissermaßen Erfinder des ersten Spamfilters für Gespräche! Durchgesetzt haben sich die Siebe allerdings nicht. Wenn wir ehrlich sind, wäre es sonst still in Büroetagen, Cafés und an anderen sozialen Treffpunkten.

Lästern stärkt Beziehungen

Ich möchte damit gar nicht sagen, dass Lästern per se nur schlecht ist. Zwar ist es nicht nett, gleichzeitig hat es auch positive Effekte auf unsere Psyche und hilft uns, soziale Beziehungen zu pflegen. Tatsächlich belegen Studien, dass es Menschen stärker zusammenschweißt, wenn sie kollektiv über jemanden oder etwas negative Worte verlieren. Das erklärt etwa den Zusammenhalt von Fans eines Fußballvereins, die gemeinsam gegen den Derbyrivalen pöbeln. Oder warum ein Ehepaar Stunden damit verbringen kann, über den Nachbarn herzuziehen, der seine Mülltonne mal wiederum mitten in die Einfahrt stellt und seine Hecke nicht ordnungsgemäß schneidet. Lästern tut gut, auch wenn es unsere eigene Weltsicht bestätigt und dabei hilft, ein angekratztes Ego wieder etwas aufzubauen. Die Kollegin hat die Beförderung bekommen, die eigentlich Sie verdient hätten? Schon fühlen wir uns besser, wenn der Tischnachbar zustimmt, dass besagte Kollegin sich die Gunst des Chefs sicher mit körperlichen Vorzügen erschlichen hat.

Always look on the bright side of life

Eine Studie der Technischen Universität in Georgia belegt, dass rund 15 Prozent aller E-Mails, die im beruflichen Kontext versandt werden, Klatsch und Tratsch über Kollegen und Arbeitgeber enthalten. Und dabei wurden negative Botschaften dreimal so häufig verschickt wie positive. Ist also Hopfen und Malz verloren? Aus meiner Sicht nicht. Es ist, wie bei so vielen Dingen, eher eine Frage der richtigen Dosis.

Ein paar Stücke Schokolade sind lecker und ohne Probleme – jeden Tag mehrere Tafeln sind hingegen kontraproduktiv. Und ebenso hat Lästern seine guten Seiten. Bei übermäßigem Genuss schürt er allerdings Konflikte und verhindert unser eigenes Vorankommen. Denn indem wir z. B. der Kollegin ihren Erfolg nicht gönnen, fokussieren wir uns gleichzeitig auf unseren Misserfolg. Das muss doch nicht sein! Viel sinniger wäre, wenn wir uns stattdessen aus diesem negativen Strudel befreien. „Think positive" ist leicht gesagt, doch genau darum geht es. Nicht umsonst heißt es im Talmud:

- Achte auf Deine Gedanken, denn sie werden Worte.
- Achte auf Deine Worte, denn sie werden Handlungen.
- Achte auf Deine Handlungen, denn sie werden Gewohnheiten.
- Achte auf Deine Gewohnheiten, denn sie werden Dein Charakter.
- Achte auf Deinen Charakter, denn er wird Dein Schicksal.

Falls Sie sich trotzdem bei Lästereien und negativen Gedanken ertappen: Gelegentliche Entgleisungen sind nur menschlich und vollkommen in Ordnung. Manchmal muss es die Pizza sein, die gemütlich in Jogginghose auf der Couch verschlungen wird.

Warum eigentlich „Löffelliste"?

03/19

Machen Sie lieber eine „Besteckliste"!

Welche Dinge stehen auf Ihrer „Löffelliste"? Eine Weltreise, Bungee-Jumping oder Schwimmen mit Delfinen? Keine Frage, so eine Liste ist super, um die eigenen Ziele zu identifizieren und anzugehen. Warum aus meiner Sicht eine „Besteckliste" sogar noch besser wäre, verrate ich Ihnen jetzt.

Seit einigen Jahren kursiert der Begriff der sogenannten „Löffelliste" in der Öffentlichkeit. Erstmals erwähnt wurde sie in dem Film „Das Beste kommt zum Schluss" mit Jack Nicholson und Morgan Freeman aus dem Jahr 2007. Darin geht es um zwei todkranke Männer, die vor ihrem „to kick the bucket", also, bevor sie den Löffel abgeben, ihre bislang unerfüllten Wünsche abhaken wollen.

Die Liste ist also eine Aufzählung von Dingen, die bis zum Tode auf der individuellen Lebenswunschliste stehen. Eigentlich ein schöner Gedanke. Viele Coaches und Berater empfehlen uns, dass wir für ein erfülltes und glückliche Lebenstage unbedingt so eine Liste anlegen sollen. Doch wie alles im Leben hat auch diese Idee eine andere, dunkle Seite: Eine solche Liste kann einen unheimlichen Erwartungsdruck aufbauen. Wünsche, wie „nackt im Regen tanzen" oder „am Strand den Sonnenaufgang beobachten", mögen relativ leicht umzusetzen zu sein. Was aber ist mit den Sehnsüchten, die absolut unrealistisch in der Erfüllung sind, sei es aus finanziellen, logistischen oder gesundheitlichen Problemen? Dadurch besteht die Gefahr, dass die aktuelle Unzufriedenheit mit dem eigenen Leben noch gesteigert wird.

Wo stehe ich, wo will ich hin?

Davon abgesehen finde ich die Idee der Liste aber richtig und wichtig. Denn dieser Prozess hilft uns dabei, uns anhand der Betrachtung von Vergangenheit und Zukunft, die Schnittschnelle der Gegenwart zu verdeutlichen. Was habe ich bisher erreicht? Was möchte ich noch erleben? Welche Träume und Wünsche möchte ich mir erfüllen – und wie kann ich jetzt die Weichen dafür stellen?

Doch wie wäre es, wenn Sie noch einen Schritt weitergehen und statt einer Löffel- eine ganze Besteckliste machen? Die Redewendung mit dem Löffel geht zurück ins Mittelalter. Damals hatte jeder seinen eigenen Löffel, mit dem gegessen wurde. Da die Mahlzeiten heute jedoch deutlich abwechslungs- und umfangreicher sind, kommt man mit einem Löffel allein nicht mehr so weit. Klar wird man satt, aber ein bisschen ungelenk ist die Nahrungsaufnahme dann schon. Das Grundbesteck am Tisch besteht aus Gabel, Messer, Löffel und dem Nachttisch-Werkzeug. Setzen wir unsere Wünsche mit der Nahrung des Erdenlebens gleich, dann brauchen wir eben diesen Bestecksatz, um unser Leben zu gestalten und geschickt zu „konsumieren".

Zu Tisch, bitte!

Die Gabel steht im übertragenen Sinne für das Rauspicken aus dem Teller des Lebens. Hier geht es um die Highlights, die Leckerbissen, die wir uns sichern wollen. Das Messer steht für das Schneiden oder Trennen. Von welchen Dingen, Menschen oder Angewohnheiten würde ich mich gerne trennen wollen? Was tut mir nicht gut? Was schleppe ich an überflüssigem Ballast mit mir herum? Der Löffel bedeutet für mich: Was koste ich bis zum Grund aus? Was schlürfe ich langsam im Alltag? Das ist der Blickwinkel auf die Sachen, die ich habe und eventuell nicht genügend würdige. Dem Nachtisch schließlich rücken wir mit Dessertlöffel oder Kuchengabel zu Leibe. Was ist also Genuss pur? Was ist die Mousse, die Kirsche auf der Sahne meiner Lebenszeit? Was sind die Gaumenfreuden, die mein Leben nachhaltig verändern?

Nicht jeder Tag ist ein Dreigänge-Menü, daher brauchen wir das komplette Besteck nicht ständig. Doch es liegt griffbereit in der Schublade und wir wissen, wann wir es wie einsetzen. Und statt sich nur auf die absoluten Highlights zu fokussieren, haben auf der „Besteckliste" auch ganz alltägliche Dinge Platz. Denn es sind die einfachen Siebensachen, die das Leben besonders lebenswert machen. Ich habe ein dreiviertel Jahr in einem Wohnmobil gelebt und auch zu Beginn meiner Selbstständigkeit war ein Caravan mein Dienstfahrzeug für meine Wochentouren. Da habe ich gemerkt, wie wenig Besteck und Geschirr im Grunde notwendig sind. Ein guter Rotwein schmeckt auch aus einem Wasserglas. Und sitzend vor dem eigenen mobilen Heim den Sonnenuntergang erleben, ist absolut herrlich. Dazu muss ich nicht an einem australischen Strand oder auf einem Wolkenkratzer in Dubai stehen. Und um in der Analogie zu bleiben: Mit einem Löffel kann ich alles aus der Suppe des Lebens essen, bevor ich ihn dann endgültig abgebe.

In diesem Sinne: Langen Sie zu und lassen Sie sich das Leben schmecken!

Ösi-Beben im Alpenland

05/2019

Was uns Ibizagate über Konfliktmanagement verrät.

Warum sollten Worte und Taten immer übereinstimmen? Diese Frage stellt sich gerade ganz Österreich in einer schweren politischen Krise. Was Ibizagate mit Konfliktmanagement zu tun hat und was wir uns für das erfolgreiche Gelingen von Projekten in Unternehmen davon abschauen können, erfahren Sie in diesem Artikel.

„An ihren Taten sollt ihr sie erkennen!" So heißt es schon in der Bibel. Evangelium nach Johannes, um die Klugscheißer-Karte direkt mal zu spielen. Für alle, die am Wochenende nicht so medienaffin waren oder den Fokus eher auf den Eurovision Song Contest oder das Finale von Game of Thrones gelegt haben: Besagtes heimlich aufgenommenes Video zeigt Österreichs inzwischen zurückgetretenen Vizekanzler Heinz-Christian Strache bei unlauteren Machenschaften. Konkret, wie er sich 2017 kurz vor den Wahlen bereit zeigte, als Gegenleistung für verdeckte Wahlkampfgelder öffentliche Aufträge an die angebliche Nichte eines russischen Oligarchen zu vergeben.

Ganz unschöne Sache. Gerade vor dem Hintergrund, was die FPÖ im Wahlkampf so vollmundig versprochen hat. Aber mit ihren Worten haben es Strache und Co. sowieso nicht so genau genommen: Egal ob bei der täglichen Arbeitszeit, beim Zugriff auf

Sparguthaben von Arbeitslosen oder beim Daten-schutz – bereits nach wenigen Wochen an der Macht zeigte sich, dass schon jede Menge Positionen, Ver-sprechen und Prinzipien über Bord gegangen waren …

Konfliktmanagement:

Versprochen ist versprochen – und wird nicht ge-brochen. Diesen Satz haben die meisten von uns seit Kindertagen im Ohr. Doch sobald Macht in irgendei-ner Form ins Spiel kommt, kann sich der ein oder an-dere plötzlich nicht mehr daran erinnern.

Auch ich war fassungslos, als ich von der Sache ge-hört habe. Gleichzeitig hat sich mir jedoch direkt eine Parallele aufgedrängt: Fairness, Empathie, Miteinan-der – Sie kennen das typische „Geschwafel" aus Un-ternehmensleitbildern. Nicht, dass ich per se etwas da-gegen hätte. Doch ich habe etwas dagegen, wenn diese in Tinte geflossenen Worte nicht in Taten umgesetzt werden! Was bleibt, sind kraftlose und leere Phrasen. Oder es folgen Taten, die sich so gar nicht mit den Worten vereinbaren lassen. Wie bei Strache, bei dem angeblich alles „legal und gesetzeskonform" ist – in der Realität wird dann trotzdem fröhlich manipuliert und beeinflusst. Gibt es im Business oft genug. Da wird erst Fairness vereinbart – und dann der beste Kunde eines Kollegen hinterrücks abgeworben. Nicht gerade die feine englische Art.

Der Tipp vom Konfliktnavigator:

Wussten Sie, dass laut einer Studie des Personaldienstleisters Hays 72 Prozent der Projekte scheitern, weil die Planung nicht realistisch war? Davon können Sie ein Lied singen. Dabei hat meist alles so gut angefangen: Alle Teammitglieder sind hoch motiviert, To-dos und die einzelnen Projektschritte werden auf bunten Kärtchen notiert und an das agile Board geheftet. Der Haken an der Sache: Damit ist noch nichts gewonnen. Worte sind viele gewechselt worden und man hat sich gegenseitig Umsetzungstreue geschworen. Höchste Zeit ins Handeln zu kommen! Erfolg kann erst dann entstehen, wenn die einzelnen Schritte gemeinsam angegangen werden. Das dabei nicht immer alles nach Plan läuft, ist ebenfalls kein Grund zum Verzweifeln. Gemeinsam lässt sich auch mithilfe agiler Methoden wie Scrum und Co., meist ein alternativer Weg zum Ziel finden. Hauptsache, allen packen mit an und lassen auf ihre Worte ebenso kongruente Taten folgen!

Mein Tipp daher: Vereinbaren Sie Meilensteine, die an die Umsetzung gekoppelt werden. So wird sichtbar, dass der Stein ins Rollen gerät. Ohne echtes Commitment zu den eigenen Worten versickern wohlgemeinte Ansätze schnell im Arbeitsalltag. Ein entscheidender Schritt könnte z. B. sein, die Wohlfühlatmosphäre im Unternehmen um zwei Punkte in vier Wochen zu steigern. Dann kommt der nächste Meilenstein: die Steigerung der Effizienz von Teamsitzungen um drei Punkte. Und so weiter!

Konfliktvermeidung par excellence: Muttertag

05/2020

Der ist immer, nicht nur einmal im Jahr!

Zeit für Klartext

An alle Mütter da draußen: Nutzt den kommenden Sonntag mal so richtig schamlos aus. Lasst Euch verwöhnen, beschenken und bekochen! Lasst mal alles fallen und die Familie dafür springen. Gönnt Euch eine Spritztour im Cabrio, seid Einhörner!

Darum gehts

Große Werbeoffensive in den Parfümerien, im Supermarkt stehen Pralinenaufsteller auf einmal mitten im Gang und die Blumenläden quellen über vor roten Rosen und hübsch dekorierten Gestecken. Klarer Fall: Am 12. Mai ist es wieder soweit: Der Muttertag steht vor der Tür!

Zu welchem Lager Sie gehören, wird sich jetzt schnell zeigen: Entweder zu denen, für die der Muttertag nur ein aus Amerika eingeschleppter Datum des Konsumterrors ist. Oder aber zu den Menschen, die großen Wert auf diesen Tag legen, geknüpft an die Hoffnung, mit einem Frühstück im Bett, Blumen und anderen Nettigkeiten bedacht zu werden. Hier wird auf den ersten Blick klar: Debattieren können Sie, bis das der Arzt kommt. Sie werden Ihr Gegenüber nicht überzeugen können, dass der Muttertag eine sinnvolle oder unsinnige Institution ist. Und das nicht erst seit gestern: Entstanden ist der Tag 1864 aus einer amerikanischen Mütterbewegung. In Deutschland, erstmals im Jahr 1922 von Blumengeschäftsinhabern plakatiert, nahm das „Unheil" damit seinen Lauf …

Wertschätzung ist wichtiger als Geschenke

Aus meiner Sicht ist der Muttertag vor allem aus einem Grund wichtig: weil er einen entscheidenden Symbolcharakter hat. Er dient dazu, uns auf etwas aufmerksam zu machen, das eigentlich selbstverständlich sein sollte: Wertschätzung. Es bringt absolut nichts, seine Mutter am Datum selbst mit Aufmerksamkeit zu überschütten – und sich ansonsten wieder wochenlang nicht zu melden. Das ist ungefähr genauso, als wenn Sie einen Tag Sport treiben und abends einen Salat essen und sich dann wundern, warum es mit der Bikini-Figur nicht funktioniert. Entscheidend ist, wie in so vielen Dingen, die innere Haltung. Sicher ist es schön, wenn Sie Ihrer Mutter am Sonntag eine kleine Freude machen. Doch es zählt wesentlich mehr, wenn Sie sie auch die restlichen 364 Tage des Jahres respektvoll und wertschätzend behandeln.

Das gleiche gilt auch für Konflikte: Sich einmal entschuldigen und Besserung geloben – und dann weitermachen wie bisher? So ändert sich gar nichts. Es kommt darauf an, die innere Haltung zu verändern – und das ist ein langfristiger Prozess. So, wie Sie auch Ihre Ernährung nicht von heute auf morgen umstellen oder zum Marathon-Läufer werden.

Der Tipp zum Muttertag vom Konfliktnavigator

Falls es am Sonntag Knatsch geben sollte: Versuchen Sie nicht, Ihr Gegenüber zu überzeugen und auf Ihre Seite zu ziehen – sondern handeln Sie stattdessen Regeln aus, mit denen sie sich ein „Muttertagsclash" künftig ersparen. Etwa, dass sich Sohn oder Tochter monatlich mal sehen lässt, im Urlaub auf den Hund aufpasst – oder einfach ein offenes Ohr schenkt, trotz stressigem Job, Kindern und Co.

In diesem Sinne: Einen schönen Muttertag – nicht nur Sonntag!

Empörter Zwischenruf

06/2016

Bild: Esel an frei stehendem Plastikstuhl angebunden. Text: „Sometimes the chains that prevent us from being free are more mental than physical". Suggestion: Nach der Erkenntnis ist es ein Leichtes, sich aufzumachen- Tu es einfach, Tschakka!

Diese Bilder laufen sorgenfrei in sozialen Medien für Glücks-, Entfaltungs- und Selbstverwirklichungsangebote. Sie haben bei mir spontanen Bluthochdruck zu Folge.

Bitte googeln Sie dazu „Dressur, Training, Erziehung der Elefanten Zirkus Zoo". Horrorbilder! Erst wenn der Wille gebrochen ist, reicht ein Bindfaden aus, die Tiere zu fixieren. Das Verhaltensmuster „Ohnmacht" hat sich ins Gehirn gefräst, nach viel Leid, Schmerz und Fremdbestimmung.

Analogie aus dem Hausbauermilieu: 2 Tonnen Kies vom Brummi in den Garten zu schaufeln, kostet viel, sehr viel Schweiß. Ihn auf den Lkw zurückzubefördern, geht also mit einem Schwung- einfach so die Glücksbotschaft, „Du musst nur loslassen, bereit sein, Deinen Geist öffnen!" Tschakka!

Was mich daran massiv stört, ist der mangelnde Respekt den Menschen gegenüber. Heilsversprechen mit 1 Stunde Webinar, Lichtsteinen oder Tele-Coaching.

Gerade fiel mir ein prägnanter Artikel von Gabriele Oettingen in die Hände, die das positive Denken kritisiert. Ein Interview mit DIE ZEIT gibt einen Einstieg in die Welt des „Immerfort-gut-drauf-Seins".

Und für Anwendungsfreaks gibt es die App WOOP: Das ist eine Methode, Ziele angeblich leichter erreichen zu können. (Ohne Gewähr und Werbezweck)

W = Wish (Wunsch)

O = Outcome (Ergebnis)

O = Obstacle (Hindernis)

P = Plan (Plan)

Statistiken retten die Welt!

09/2016

Was haben Ortsbrandmeister Wolfgang M. aus N. und NRW-Innenminister Ralf Jäger gemeinsam?

„Er wolle damit durch Fakten zur Versachlichung der Debatte beitragen."

Die nordrhein-westfälische Polizei veröffentlicht Zahlen zur Entwicklung der Kriminalität ab sofort monatlich. Das hat NRW-Innenminister Ralf Jäger (SPD) heute angekündigt.

Szenenwechsel: Ortsbrandmeister Wolfgang M. aus N. berichtet live vom Brandort: „Statistisch gesehen brennt in unserer Gemeinde jedes Fachwerkhaus nur einmal alle 215 Jahre. Ich sage dies ausdrücklich, um die Bevölkerung sachlich zu informieren und ein verstärktes Sicherheitsgefühl zu geben!" Welche Meldung finden Sie skurriler?

Für mich ist es in der heutigen Zeit unvorstellbar, dass Menschen, die im Rampenlicht stehen, nicht Bescheid wissen oder nicht wissen wollen: Konflikte in Menschenansammlungen oder die „Volksmeinung" werden über Emotionen gesteuert, nicht über Fakten.

Im Feuerwehrbeispiel würde so eine Aussage als Hohn und Spott aufgenommen werden. Der Sprecher würde sofort als herzlos entlarvt sein. Für einen Politiker ist eine Pressemitteilung wert.

Mein Tipp: Falls Sie einen Einbrecher überraschen sollten, erklären sie ihm, dass sein Einbruch in ihrem

Haus statistisch noch nicht dran sei. Bitten sie ihn, sich an die Vorgaben der Kriminalpolizei zu halten.

Verabschiedung auf jeden Fall dann mit "Auf Wiedersehen!"

P.S. Falls es einen Ortsbrandmeister Wolfgang M. aus N. gibt: alles von mir frei erfunden!

Kapitel Wirtschaft

Nach über 30 Jahren in Firmen, Konzernen und als Selbstständiger gestatte ich mir Beobachtungen und Schlussfolgerungen, die aus ergrautem Haupt rieseln.

Meine unbändige Neugier ist für meine Mitmenschen und auch mich anstrengend. Sie fördert das Vor-urteil eines Universadilettanten. Dabei beschreibt der Begriff Dilettant eine Person, die sich aus persönlichem Interesse oder Liebhaberei mit allerlei verschiedenen Themengebieten beschäftigt.

Mein Expertentum kommt durch 3 Berufsabschlüsse in Musik, Pädagogik, Technik und mehr als 10 Jahre Führungserfahrung mit zuletzt über 700 Mitarbeitenden zustande. Nicht immer waren Erkenntnis und Handeln zeitlich nah genug einander.

Meine Arbeit der letzten 10 Jahre als Konfliktnavigator hat mir die Reflexionsebenen geglättet, Zusammenhänge und Wirkmechanismen zu entwirren und einen klaren Blick auf die Dinge zu geben.

Nehmen Sie als Inhaber, Vorstand, Geschäftsführer und Führungskraft sich die Muße, hinter den Text zu blicken.

Was kann Sie daraus noch zufriedener und erfolgreicher machen?

Auf jeden Fall TUN!

Wen wollen Sie im Sturm auf der Brücke eines Schiffes sehen

10/2020

Den Koch, der Ihnen sagt, dass die Kartoffeln noch 2 Wochen reichen?

Den Entertainer, der ein optimistisches Lied anstimmt oder den Philosophen, der über die Chancen in der Krise mental flaniert? Am besten von allem etwas und der/die Einzige, die das vollbringen kann, sind Sie als Inhaber, Geschäftsführer oder Führungskraft. Und zwar in Corona-Zeiten jetzt und sofort mit einer starken Präsenz, die den Leuchtturm in den wilden Fahrwassern signalisiert. Genug der maritimen Bilder.

Die Bedürfnisse als Grundlage

Grob gesagt haben Menschen drei Grundbedürfnisse: Sicherheit, Zugehörigkeit und Wachstum. Letzteres ist momentan nicht so aktuell und trifft mehr für die zu, die sich Gedanken machen, wie es nach der Krise weitergehen kann- wichtig- aber später!

Emotional tangiert sind wir immer, wenn eines dieser drei oder alle Bedürfnisse in unterschiedlicher Füllhöhe oder auf Reserve laufen. Äußern tut sich das in einer Emotion, die in diesem Fall als Botschafter des Bedürfnisses gilt. Das ist der Anknüpfungspunkt für Sie, Ihre persönliche Souveränität zu zeigen und den Mitarbeitenden die notwendige Orientierung zu geben.

Als „Der Konfliktnavigator" bin ich in Firmen, wenn sich schwierige Situationen am Horizont abzeichnen oder schon die schweren Wolken über ihnen sind. Mit seismografisch feinen Antennen schauen die Menschen jetzt sehr genau auf die „Brücke des Unternehmens", gerade wenn eine Krise wie diese Pandemie über uns einbricht.

Ich kenne einen Fall, wo der Chef den Brief des Rechtsanwalts zum Thema Kurzarbeit wegen Corona mit den Zeilen „zur Kenntnisnahme..." an alle Mitarbeitenden weitergeleitet hat. Lachen Sie nicht, das mag das untere Ende der Skala sein, zeigt das nach oben hin noch ausreichend Luft ist.

Die Idee der Lösung

Nachdem ich nun ausreichend die Schiffsglocke geläutet habe, spült sich die Frage nach oben „Wie geht es ihrer Meinung nach?"

Dazu habe ich Ihnen 5 P zusammengestellt, die eine Bauanleitung für ein Krisenmanagement sind.

- Persönlich
- Permanent
- Passend
- Publik
- Professionell

Zu 1 Persönlich- Gemeint ist, dass ein Inhaber, Geschäftsführer oder Führungskraft als erlebbarer Mensch in Erscheinung tritt. Ich möchte als Mitarbeitender zu meinen unmittelbaren Vorgesetzten oder meinen Arbeitgeber das Gefühl eines individuellen Kontaktes haben- keine Pressemitteilung mit „man sollte" Formulierungen oder Worthülsen. Gerade auch in Zeiten der asynchronen Kommunikation über technische Hilfsmittel brauchen Menschen „Individuum"- Ansprache.

Zu 2 Permanent- oft schauen sie am Tag in News, Ticker, Social Media Accounts oder Presseveröffentlichungen, um das Gute zu haben, auf dem neusten Stand zu sein? Genau so geht es den Mitarbeitern in angespannten Zeiten, da sie einen permanenten Informationsfluss benötigen zur Beruhigung und den Eindruck, selbst und ständig darauf zugreifen zu können.

Zu 3 Passend- Allgemeine Formulierungen und statische Begriffe vermitteln eher das Gefühl der Distanz. Die aus dem Marketing bekannte Zielgruppenorientierung ist hier das Maß der Dinge. Ein Mitarbeitender der Verwaltung hat als der Außendienst. Die gleiche Differenzierung gilt für Kunden, Kooperationspartner und Lieferanten.

Zu 4 Publik- Die Wahl des entsprechenden Kommunikationskanals hängt sowohl von der technischen Erreichbarkeit als auch von den Konsumgewohnheiten der Zielgruppe ab. Von dem klassischen Aushang am Mitarbeiterinformationsbrett über Newsletter, Infoboards am Arbeitsplatz oder im Internet bis hin zu Audio- oder Videobotschaften reicht hier die Palette.

Zu 5 Professionell- Die angesprochene Professionalität der Veröffentlichungen hängt weniger an der rhetorischen oder technischen Qualität. Hierbei geht es mehr um eine zielführende Struktur und ein gewisses Grundmaß an Vorbereitung, Darstellung und Umsetzung. Sie pitchen nicht um einen Auftrag vor Kunden, sondern vor ihren Mitarbeitenden!

Letztendlich ist die alles entscheidende Frage, die sich jeder Konsument ihre Botschaft stellt: Was nutzt es mir? Was habe ich davon? Macht es ich sicherer"?

Das Modell zur Anwendung

Ein konkretes Modell der Struktur einer Videobotschaft ist folgendes Konzept:

- Benennen der Tatsachen und realen Situation mit faktischer Untermauerung.
- Darstellung der daraus resultierenden Folgen und Konsequenzen.
- Äußern des eigenen emotionalen Anteils oder den der Zielgruppe.
- Formulierung einer Bitte, Wunsches oder Forderung.
- Dabei formulieren Sie knapp, klar, präzise und schweigen dann.

Mit welchem Segment gestartet wird, ist auf die jeweilige Situation abzustellen. Manchmal ist der Einstieg über das Gefühl passen, bei Vitalisierungsreden ist die Aufforderung, der Appell am Anfang die zielführende Variante. Der Titel ist Modells 4/4=1 weist darauf hin, dass nur alle 4 Teile die runde Ansprache ergeben.

Das Fazit

Diese ganzen Gedanken münden in dem einem Extrakt: Action! Ob Sie es mögen oder nicht, jetzt sind die Verantwortlichen als Leuchttürme und souveräne Leitfiguren gefragt, die Orientierung und Vertrauen vermitteln.

Deshalb endet dieser Artikel mit dem Wunsch, dass die Krisen- oder Unternehmenskommunikation wie eine Marketingkampagne mit einer detaillierten Auflistung von Frequenz, Themen, Kanäle und Ziel im Voraus geplant wird.

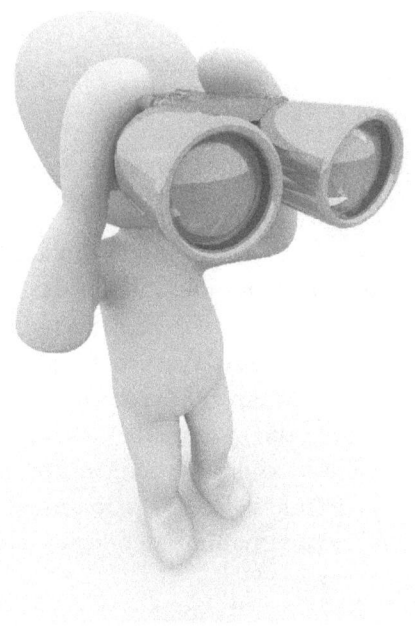

NEIN- nicht die nächsten 1000 Tipps für Heimarbeit

05/2020

Wir alle werden geflutet von Ratschlägen für ein gutes Homeoffice. Statt die nächsten 1000 einzuläuten, präsentiere ich meine 5 K-to-K Punkte, die helfen, ein gemeinsames Verständnis aller Beteiligten zu entwickeln. Fangen wir vorn an:

Die 5 K sind

- Kontrakt
- Kapseln
- Kontakt
- Kontinuität

Beim **Kontaktieren** geht es um alles, was Rahmenbedingungen beinhaltet:

Versicherungsfragen und Unfallschutz/Haftung, wenn der Kakao des Kindes über die Tastatur läuft/wenn etwas Privates oder Firmeneigentum kaputt geht/wer macht welche Anschaffungen, bestellt oder bezahlt diese und wem gehört dann was/sind das geldwerte Vorteile, die versteuert werden müssen/welche Versicherungen werden zusätzlich abgeschlossen/wer sorgt mit welchen Maßnahmen für Datensicherheit und Schutzmaßnahmen gegen unbefugte Nutzung vor Ort usw.

Beim **Kapsulieren** geht es um die Trennung von Familie und Job während der Arbeitszeit:

Welche Regeln gibt es, damit die Arbeit dem sozialen Umfeld gerecht wird: Zettel an der Tür, Zettel drunter durchschieben und Papa/Mama entscheidet dann, wann sie darauf reagieren? Welche Rituale gibt es, wenn Papa/Mama ins Büro geht- mit Musik und Konfettiregen- und wieder herauskommt? Wie werden die Pausen unterhaltsam für Wohnungsinsassen gestaltet? Welchen Priorisierungscode gibt es vom Arbeitgeber, um die Dringlichkeit einer Aufgabe zu signalisieren?

Beim **Kontaktieren** geht es um die soziale Komponente der Verbundenheit in der Entfernung: Ein Guten Morgen Anruf, Klöncall vor dem Mittag, Klatschchat, online Meeting mit einer emotionalen Blitzlichtrunde starten, Befindlichkeitsskala als aktuelles Bild in die Kamera einblenden.

Beim **Kontinuieren** geht es um die Stichworte Geduld, Toleranz, Flexibilität und den Empfindlichkeitsregler runterstellen, sodass eine gleichmäßig effiziente Zusammenarbeit auf Dauer möglich ist.

So das war, was sich hinter den 5 K verbirgt. Jetzt kommen wir zu der Frage, was das mit dem K-to-K auf sich hat. Das ist der eigentliche Grund für diesen Artikel. Von einer Flanke und von der anderen Seite, nur so kann es gehen. Alle reden von Kollaboration, New Work, flachen Hierarchien, kurzen Wegen.

Dafür ist das Homeoffice ein wunderbares Lernfeld, um das miteinander auf die Kette zu kriegen. Klartext reden, Argumente austauschen, Kompromisse finden, fair verhandeln, ins Tun kommen und immer weiter optimieren.

1994! habe ich eine Fortbildung zum Medientechnikpädagogen als Stipendiat des ESF - Fonds absolviert- 2 B-Kanäle bei ISDN bündeln und Telearbeitsplätze einrichten. Puh, da waren wir also schon mal!

Auf das sich Homeoffice nicht in der Anschaffung von Büromaterial und Bandbreite erschöpft, sondern eine konstruktive Form der realen Arbeitswelt nach Corona bleibt.

Corona Marketing

03/2020

Ich meine damit nicht virales Marketing!

Ich war in der letzten Woche auf verschiedenen Veranstaltungen in der Pandemiezeit. Da haben sich 2 Typen A und B des Umgangs mit der Situation heraus kristallisiert.

Typ A auf der einen Seite beinhaltet unangenehmes Schweigen, keiner redet darüber, alle sind so bemüht, Normalität vorzutäuschen- aber alles mit einem peinlichen Gefühl, teilweise schon ein bisschen Trotz dabei nach dem Motto: Lasst uns das jetzt trotzdem machen. Eine beklemmende Atmosphäre im ganzen Saal.

Auf der anderen Seite Typ B, bei dem in der Erinnerungsmail an die Besucher offensiv vorgegangen wurde: „Ja, wir wissen um die Situation und haben da so ein paar Verhaltensideen, die wir ihn für heute gerne an die Hand geben möchten – im wahrsten Sinne des Wortes." Dort waren dann Absperrbänder, die die Menschen beim Einlass abstandsmäßig kanalisierten und Personal, was darauf achtete. Überall waren Plakate, auf denen stand: " Ein freundliches Lächeln ist wie ein Händedruck!"

In der Moderation und Begrüßung wurde angesprochen, dass man sich Gedanken gemacht hat und alles Erdenkliche dazu beiträgt, das Infektionsrisiko zu minimieren. Die Sanitäranlagen werden speziell und permanent gereinigt, Päckchen mit Taschentüchern liegen überall aus und es wird um Rücksicht miteinander gebeten. Spürbar waren ein gemeinschaftliches Ausatmen und eine gewisse Erleichterung bei den Besuchern, dass es doch eine gute Entscheidung war, zu kommen.

Fakten beruhigen nur, wenn damit ein Sicherheitsbedürfnis befriedigt wird – und zwar direkt und nachvollziehbar. Ein konkretes Beispiel: Der Erreger hat eine Hülle, die aus einer Fettschicht besteht. Intensives Waschen mit einer Lotion oder Seife löst diese auf und greift damit den Virus an. Zack! – Zusammenhang verstanden, Sinnhaftigkeit deutlich geworden und schon wasche ich mich freiwillig und bin dabei sogar noch einsichtig.

Um als Unternehmen meine Botschaft draußen zu platzieren, beauftrage ich eine Marketingagentur mit dieser Aufgabe. Warum gibt es keine übergeordnete Agentur, die die Kommunikation und Verlautbarungen für die Öffentlichkeit aufeinander abstimmt und deren Wirkung auf die Bevölkerung vorher überprüft?

Schluss mit Rumdruckserei

Fünf Schritte für den produktiven Einstieg in kritische Mitarbeitergespräche

„Konfliktmanagement? So was brauchen wir nicht, hier ist alles in Butter!" Wirklich? Ich habe im Laufe der Jahre immer wieder die Erfahrung gemacht, dass vielen Führungskräften gar nicht bewusst ist, was genau einen Konflikt ausmacht – und welche unbedachten Verhaltensweisen ihn unter Umständen entstehen lassen.

Ein klassisches Minenfeld im Business sind zum Beispiel Mitarbeitergespräche. Solange es gut läuft und gelobt werden kann, ist alles super. Anders sieht es jedoch aus, wenn sich kritisches Feedback nicht mehr vermeiden lässt. Viele Führungskräfte fühlen sich verunsichert und wissen nicht genau, wie sie mit der Situation umgehen sollen. Denn auf der einen Seite wollen sie den Mitarbeiter nicht verletzen – aber ihm oder ihr trotzdem klarmachen, dass etwas nicht in Ordnung war oder sich etwas ändern muss.

Die Folgen sind wohlbekannt: Es wird nebulös um den heißen Brei herumgeredet und rumgedruckst, dass die Botschaft wahrscheinlich niemals richtig ankommt. Oder aber der Chef haut richtig auf den Tisch, weil man das als Boss nun mal so macht. Der Haken an der Sache: Ein dermaßen autoritäres Verhalten verletzt und sorgt eher dafür, dass der Mitarbeiter „dicht macht" und sich ungerecht behandelt fühlt. Lassen Sie uns also lieber noch mal über Konfliktmanagement reden, einverstanden? Die folgenden fünf Schritte helfen Ihnen dabei, unangenehme Gespräche anzugehen – ohne zusätzliches Öl ins Feuer zu gießen.

1. Atmen Sie! Auch wenn Sie sich gerade über eine Situation aufregen und den verantwortlichen Kollegen am liebsten sofort in Ihr Büro zitieren würden – lassen Sie es. Es ist wesentlich effektiver, das Mitarbeitergespräch in Ruhe vorzubereiten, anstatt es spontan zu führen. So riskieren Sie nur, dass Sie im Affekt von Ihren Emotionen übermannt werden und die Situation noch mehr eskaliert.

2. Problem oder Emotion? Jetzt geht es ans Eingemachte: Versuchen Sie, Ihren Ärger außen vor zu lassen und betrachten Sie stattdessen die Ausgangssituation mehr oder minder objektiv. Liegt ein Problem auf sachlicher Basis vor, hat der Mitarbeiter einen nachweisbaren Fehler gemacht – oder ist der Konflikt eher aufgrund nicht erfüllter Bedürfnisse zustande gekommen? So wäre es zum Beispiel möglich, dass die Leistung Ihres Gegenübers zu wünschen übrig lässt, weil er sich übergangen fühlt und entsprechend demotiviert ist. Hat er in letzter Zeit etwas in der Art durchblicken lassen? Z. B. Unmut darüber geäußert, dass jemand anders befördert wurde oder ein spannendes Projekt bekommen hat?

3. Konfliktkategorie bestimmen: Ausgehend von der vermuteten Ausgangslage können Sie dann die Konfliktkategorie bestimmen und sich eine passende

Argumentation zurechtlegen. Es geht sicher nicht darum, den Mitarbeiter davon zu überzeugen, dass seine Leistung besser werden muss – eine Debatte ist hier also nicht angebracht. Stattdessen ist das anstehende Konfliktgespräch in der Kategorie „Spiel" oder „Kampf" anzusiedeln. Schließlich gibt es klare Regeln für das Verhalten im Job und Anreize wie Provisionen oder Beförderungen wecken ebenfalls den sportlichen Ehrgeiz. Und nur, damit wir uns nicht missverstehen: „Kampf" soll hier nicht bedeuten, dass das Gespräch als Kampf geführt wird.

4. Wahrnehmung, Wirkung, Wunsch: Wer direkt mit Vorwürfen in das Gespräch startet, braucht sich nicht zu wundern, wenn der Ausgang wenig produktiv ist. Das Gleiche gilt auch für eine völlig unemotionale Handhabe à la „Herr Meier, ich habe mir Ihre Leistungsdaten einmal genauer angeschaut. Und da stelle ich fest, dass Ihre Produktivität im letzten Quartal um 15 Prozent gesunken ist ..." Sie müssen Ihr Gegenüber emotional erreichen – und gleichzeitig deutlich machen, dass Sie das Verhalten nicht verurteilen. Das gelingt Ihnen, indem Sie erst Ihre Wahrnehmung schildern: „Ich habe die Situation gestern so erlebt, dass ...". Dann beschreiben Sie die daraus resultierende Wirkung bei Ihnen: „Das hat mich irritiert/das hat dazu geführt, dass ..." Und zum Abschluss formulieren Sie einen positiven Wunsch: „Ich wünsche mir, dass zukünftig ..."

5. Wfft: Mund halten und auf die Reaktion Ihres Gegenübers warten. Auch wenn Ihnen die Stille unangenehm ist – geben Sie Ihrem Mitarbeiter die Zeit, die er benötigt, um die Informationen zu verarbeiten, sich zu sammeln und eine passende Antwort zu formulieren.

Natürlich ist die Situation damit noch nicht gebannt. Mit 99-prozentiger Wahrscheinlichkeit wird Ihr Gesprächspartner erst einmal versuchen, sich zu rechtfertigen. Sie wissen schon – die Marktlage ist schlecht, der Wettbewerb groß, die Zielgruppe unpassend und so weiter. Lassen Sie diesen Entrüstungssturm kommentarlos an sich vorbeiziehen und hören Sie aktiv zu. Damit verhindern Sie, dass auch auf Ihrer Seite der Rechtfertigungsreflex anspringt. So sind Sie auf jeden Fall auf dem richtigen Weg, die Situation produktiv für beide Parteien zu lösen.

Wie Konflikte, Kreativität und Innovationen zusammenhängen

02/2020

Konflikte, Kreativität und Innovation, das passt nicht zusammen? Dann schauen Sie noch mal genauer hin. Denn Disharmonien bedeuten nicht immer nur Streit, endlose Diskussionen und festgefahrene Standpunkte. Vielmehr haben Konflikte das Potenzial, zum Geburtshelfer von kreativen Ideen und großartigen Innovationen zu werden. Vorausgesetzt, Sie stellen sich dem Konflikt, wollen den Status quo verändern und arbeiten systematisch an einer Lösung. Konflikte sind so alt wie die Menschheit. Denken Sie an Adam, Eva und die Geschichte mit dem Apfel und der Schlange. Voilà, das ist er, der Urkonflikt. Aus kirchlicher Sicht ist das Ganze nicht so toll gelaufen, da mit dem Vergehen Evas die Sünde über die Menschen kam. Unangenehme Folge: die Vertreibung aus dem Paradies. Rein logisch betrachtet, hat diese Entwicklung auch seine gute Seite, nämlich Innovation! Hätte Eva sich nicht getraut und wäre das Risiko nicht eingegangen, würden wir immer noch mit Feigblättern bekleidet im Garten Eden sitzen. Könnte nett sein – wir hätten aber garantiert eine Menge tolle Dinge verpasst.

Im Schmerz geboren

Was Konflikte und Innovationen gemeinsam haben: Ihr Start- und Zielpunkt sind Leiden. Am Anfang steht Unzufriedenheit mit dem Status quo – und am Ende idealerweise eine Lösung, die das Leiden lindert. Wenn Thomas Alva Edison die funzelige Gaslaterne nicht gestört hätte, gäbe es heute keine elektrischen Leuchtmittel. Wenn der Koffer zum Tragen nicht zu schwer geworden wäre, gäbe es keine Koffer-Trolleys. Also entsteigt Kreativität letztendlich einem Konflikt. Gleichzeitig beschwört Kreativität aber auch Konflikte herauf, wie sich etwa ganz aktuell in der Automobilindustrie abzeichnet: Der Motor eines Elektroautos besteht aus gerade Mal 170 Teilen, während für die kraftstoffbetriebene Variante sage und schreibe 1.200 einzelne Bauteile benötigt werden. Die Folgen für die Zulieferindustrie werden eklatant sein und wiederum gesellschaftliche Veränderungen heraufbeschwören. Innovation bedeutet, die alte Haut abzustreifen und hinter sich zu lassen, wie beim Häuten der Schlange.

Ideen statt Material

Kreativität bedeutet für mich vor allem, Vorhandenes neu zu kombinieren. Das benötigt Wissen, Handwerk und künstlerisches Fühlen. So hat es Edison getan – und trotz Fehlschlägen immer weiter probiert. Ohne eine Vorlage zu haben und ohne exakt zu wissen, welches Material schlussendlich den Erfolg bringen würde. Es ist genau dieser unbändige Wille, den es braucht, um Konflikte zu lösen und dabei neue Perspektiven zu eröffnen – sei es in Form von Produkten oder auch neuen Wegen der Zusammenarbeit, Unternehmensführung und so weiter. Ich habe es selbst probiert: Ich war Zauberlehrling im magischen Zirkel von Deutschland und habe die Grundprinzipien der verschiedenen Zaubersparten gelernt und mich monatelang darin geübt. Als vollwertiges Mitglied habe ich dann angefangen, eigene Zaubereien zu erfinden – einerseits aus der Not heraus, da es keine geeigneten Materialien für meine eigenen Ideen gab. Andererseits aus Geldgründen, da man bei einem Zaubertrick immer das Know-how bezahlt, nicht die Utensilien. Und das kann einen ganz schön tiefen Griff ins Portemonnaie erfordern.

Hochprozentiges zum Schluss

Die Gemeinsamkeiten von Kreativität, Konflikt und Innovation bestehen also darin:

- Spannungsfelder und inneren Druck auszuhalten und ein unbequemer Zeitgenosse zu sein.
- Alternativen müssen selbst erdacht und erarbeitet werden, verschiedene Szenarien werden im Kopf durchgespielt, um so zu einer angemessenen Handlung auf äußere oder innere Einflüsse zu kommen.
- Ergebnisse kommen nur über „try and error" zustande, stufenweise im Prozess, inklusive Rückschritt und Verzweiflungsanfällen.
- Die Frage des richtigen Zeitpunkts und Timings ist elementar und entscheidend.

Und denken Sie immer daran: Kreativität und Konflikte sind 1 % Inspiration und 99 % Transpiration – in Abwandlung des Zitates von besagtem Thomas Edison. Und falls Sie noch ein Alibi brauchen: „Die chemische Analyse der sogenannten dichterischen Inspiration ergibt neunundneunzig Prozent Whisky und ein Prozent Schweiß." – William Faulkner. Prost!

Yippie ya yeah, Start-up!

03/2020

Oder: wie ich so richtig auf die Nase gefallen bin.

Sobald das Wort „Start-up" fällt, kriegen viele feuchte Augen und brechen in Begeisterungsstürme aus: mega cool, das ist die Zukunft, muss man unbedingt unterstützen … Ich verrate Ihnen etwas: Muss man überhaupt nicht. Denn es ist gar nicht so leicht, die seriösen Vorhaben von den Windhunden zu unterscheiden. Hoffnungen können mitunter schnell enttäuscht werden.

Ich habe mich vor Jahren einem Beraternetzwerk angeschlossen, dass sich als größtes Netzwerk für freie Unternehmer im deutschsprachigen Raum etablieren wollte. Klang für mich nach einer guten Idee. Also unterschrieb ich einen Vertrag und es passierte … nichts. Rückblickend habe ich nichts außer enttäuschte Hoffnungen bekommen. Und es hat mich einen fünfstelligen Betrag gekostet, aus der Nummer wieder rauszukommen.

Meine drei Erkenntnisse, die ich an Sie weitergeben möchte:

1. Auf eigene Bedürfnisse achten! Wer auf der Suche nach Support bei der Realisierung seiner Träume ist, ist schnell anfällig für Angebote wie „Top-Redner werden in drei Tagen!" Egal wie schön es klingt – so was ist Murks. Analyse – Check – realistisch bleiben.

2. Es muss für beide Seiten eine Win-Win-Situation
    sein: Sie investieren Geld – und bekommen dafür im gleichen Moment Know-how, Kontakte
    oder was auch immer.
3. Loslassen, vergeben und weitermachen. Ich habe
    im wahrsten Sinne des Wortes mein Lehrgeld
    bezahlt. Damit ist die Sache abgehakt. Belasten
    Sie sich nicht weiter mit negativer Energie!

Und falls jemand jetzt das hohe Lied von Start-
ups singen will – dem zeige ich gerne meine Konto-
auszüge. Ich bin selbst als Businessangel unterwegs,
um es anders zu machen. Denn es heißt schließlich
Start-up und nicht - down.

Die 7 besten Konfliktstrategien für Start-ups

Konflikte mag keiner. Weder privat noch im Business. Denn sie sorgen für Unwohlsein und schlimmer: Sie nehmen den Drive raus. Egal, ob sich ein Unternehmen gerade im Aufbau befindet oder bereits gesettet ist, Konflikte dürfen daher nicht totgeschwiegen werden. Klar ist das die vermeidlich bequemste Lösung – doch die Folgen sind fatal. Hilft also alles nichts. Und besonders zarte „Start-up-Pflänzchen" tun gut daran, sich direkt mit aufkommenden Konflikten auseinanderzusetzen.

„Alles nicht so wild, wir lassen lieber Gras drüber wachsen, sonst wird es uns zu ungemütlich!" Kommt Ihnen das bekannt vor? Gerade in Start-ups haben die Verantwortlichen so viele To-dos auf ihrer Liste, dass Konflikte nicht Prio Eins sind. Klar geht es eine Zeitlang gut, alles unter den Deckmantel der „Wir-haben-uns-doch-alle-so-lieb-Einstellung" zu kehren. Doch irgendwann wird aus dem Schwelbrand eine handfeste Explosion, die Ihnen die Bestandteile Ihres Unternehmens um die Ohren fliegen lässt.

Wenn es im Getriebe zum ersten Mal knirscht

Sie kennen die Geschichte von Steve Jobs, Steve Wozniak und ihrer Garage zur Genüge. Bei Ihnen war es stattdessen ein Küchentisch oder ein Kneipentresen? Macht nichts. Denn es geht um den Kern, der den allermeisten Gründungen innewohnt: Ein paar Kumpels entwickeln gemeinsam erste Ideen. Euphorisch und nächtelang. Die Entscheidungswege sind kurz, gerade einmal über den Tisch herüber. Alle diskutieren und entscheiden zusammen. Jeder setzt sich dort ein, wo es seinen Neigungen und Fähigkeiten am besten entspricht. Bis hierhin ist alles leicht. Doch leider entwachsen selbst die verspieltesten Start-ups irgendwann ihren Kinderschuhen. Was Sie niemals vergessen dürfen: Auch wenn alle für dieselbe Sache brennen, hat jeder seine persönliche Geschichte sowie eigene Werteauffassungen und Erfahrungen. Das kann auf Dauer nicht gut gehen.

Das Unternehmen vergrößert sich, neue Mitarbeiter kommen hinzu, die den lockeren, manchmal chaotischen Arbeitsstil übernehmen. Irgendwann fängt die Hierarchiebildung an. Die Ursprungsgruppe teilt sich in mehrere neue Teilgruppen. Verständigungsschwierigkeiten treten auf, die Kommunikation läuft nicht mehr rund. Und ehe Sie sich versehen, wird nebeneinander statt miteinander gearbeitet. Die Folge dürfte klar sein: Wenn jeder sein Süppchen kocht, ist es nur eine Frage der Zeit, bis sich die einzelnen Teile nicht mehr zu einem großen Ganzen zusammenfügen lassen. Und dann gibt es zum ersten Mal richtig Ärger! Der Haken an der Sache: Oft bleibt das reinigende Donnerwetter aus.

Es ist im Grunde genommen wie mit dem rosa Elefanten, der mitten im Raum steht: Jeder sieht ihn – aber niemand traut sich, darüber zu sprechen. Es ist offensichtlich, dass die „Best-Buddy-Mentalität" aber einer gewissen Unternehmensgröße nicht mehr funktioniert. Klar definierte Strukturen und eine gemeinsame Schlagrichtung müssen her! Doch da keiner den großen Boss raushängen lassen möchte, passiert ... richtig, nichts. Der Workflow stottert weiter vor sich hin, erste Reibungsverluste treten auf. Sich totzustellen ist keine Lösung mehr. Höchste Zeit, endlich ins Handeln zu kommen!

Sieben Tipps, wie Start-ups von Anfang mit Konflikten umgehen

Es ist bereits Sand ins zwischenmenschliche Getriebe geraten? Kein Grund, den Kopf in selbigen zu stecken! Die folgenden Tipps helfen Ihnen dabei, direkt gegenzusteuern – und zukünftige Auseinandersetzungen produktiv zu nutzen. Völlig vermeiden lassen sich Konflikte niemals. Doch das ist nicht schlimm! Sie haben völlig zu Unrecht einen schlechten Ruf. Richtig angegangen, tragen sie vielmehr dazu bei, die Belastungsfähigkeit und Verlässlichkeit Ihrer Company zu prüfen und die Weichen für eine erfolgreiche Zukunft zu stellen. Jede Innovation und Entwicklung gehen aus einem Auseinandersetzung hervor! Versuchen Sie also nicht, die Konflikte in Ihrem Start-up auszusitzen, sondern packen Sie sie an!

1. Etablieren Sie von Anfang an „Spielregeln" und Kommunikationsrituale. So wissen alle, auch die neuen Mitarbeiter, wie sie sich verhalten sollen

und mit der Zeit wird eine funktionierende Unternehmenskultur aufgebaut.

2. Legen Sie gleich zu Beginn Strukturen und Verantwortlichkeiten fest! Je klarer sie sind, desto weniger Reibungen und Missverständnisse gibt es.

3. Fördern Sie Diskussionen! Sie erhalten spannende neue Produktideen und erfahren nebenbei, wie Ihre Mitarbeiter wirklich ticken.

4. Beschäftigen Sie sich mit Persönlichkeitsmodellen, um individuelle Eigenheiten einzuordnen. So können Sie als Führungskraft besser auf Ihre Mitarbeiter eingehen.

5. Sourcen Sie von Anfang an alles aus, was nicht zum Kerngeschäft gehört. Zum Beispiel so lästige Dinge wie Buchhaltung und Finanzen. Sie erhalten damit mehr Freiraum, um sich auf die Entwicklung Ihrer Geschäftsidee und damit das Wesentliche zu konzentrieren!

6. Lernen Sie, sich rechtzeitig von unpassenden Partnern zu trennen. Je länger Sie unliebsame Entscheidungen vor sich hinschieben, desto mehr Geld, Zeit und Nerven kostet es Sie!

7. Bewahren Sie bei allem Ernst trotzdem die Lockerheit, den Entdeckerspaß und den Gründungsspirit! Wenn Ihr Unternehmen erst einmal etabliert ist, werden Sie sich nach den vielen durchzechten Nächten zurücksehnen. Da haben Sie gemeinsam mit Ihren Mitstreitern die Basis für Ihr Business gelegt.

Realitätscheck- Ich war Gründungsberater der KfW und selber Gründungsgesellschafter eines Start-ups. Denken Sie bei aller Euphorie daran: Alle umschwirren sie, weil sie Geschäft/Vorteil mit ihnen wittern. Eine Wette mit Geld, ob es durch die Decke geht, weil es gerade hipp ist, Business Angel zu sein oder weil ich gebraucht werden möchte. Nicht wachsen um jeden Preis! Oder sich klar sein, dass damit Seele verkauft!

Betriebliches Gesundheitsmanagement ist mehr als Smoothies und Yogamatte

11/2019

Schrittzähler für alle Mitarbeiter, Nackenmassage einmal im Monat und gemeinsame Kochkurse? Alles nett gemeint, aber BGM ist das noch lange nicht! Mitarbeiter sind die wertvollste Ressource Ihres Unternehmens! Lesen Sie in meinem neuen Artikel, warum es daher höchste Zeit ist, eine Gesamtstrategie an den Start zu bringen, statt nur einzelne Werkzeuge in den Ring zu werfen!

Ein Obstkorb ist ein guter Anfang, bringt isoliert aber überhaupt nichts! BGM ist kein Werkzeug zur Zielerreichung, sondern bedeutet für die obere Etage auch konstantes Führungsverhalten und Vorbildfunktion. Dann läufts!

Flickenteppich statt Strategie

Gesundheit boomt aktuell in unserer Gesellschaft. Online wie offline springen uns Fitnessangebote an, die uns „krass" machen sollen uns in eine fittere, schlankere, gesündere und am besten noch glücklichere Version unserer selbst verwandeln. Und in der Wirtschaft herrscht die nackte Panik: „Wir brauchen sofort ein betriebliches Gesundheitsmanagement! Sonst sind wir bei den jungen Mitarbeitern doch direkt unten durch!" Die Folge: Es gibt plötzlich einen Obstkorb in der Kaffeeküche, Einladungen zum gemeinsamen Joggen kursieren in den Postfächern und alle zwei Wochen findet freitagmorgens ein Yogakurs für alle statt. Schön und gut –Ist das wirklich BGM? Oder ist das nicht eher zu kurz gegriffen?

Ich bin u. a. Diplom-Rhythmiklehrer und zugelassener Prozessberater bei unternehmensWert:Mensch im Handlungsfeld Gesundheit. Der Maßnahmenkatalog, den ich in Firmen bisher vorfinde, beinhaltet hauptsächlich Aktionen wie die oben genannten. Und was passiert nach kurzer Zeit? Die Post-it mit der Bürogymnastik hängen müde an den Bildschirmen – und der erste Elan ist ebenso schnell verschwunden wie die neu gekauften Gymnastikbänder. Auch die Digitalisierung hat aus meiner Sicht keine großartigen Verbesserungen mit sich gebracht. Außer, dass es jetzt zusätzlich noch ein paar schöne Tools gibt wie Apps, die Schritte zählen und den täglichen Kalorienverbrauch tracken, die digitale Wasserwaage für die Rückenlehne, der Pulsmesser mit integriertem Burnout-Barometer – oder eben der Gamificationansatz mit dem „Company Olympic Gold Medaillist" als Bildschirmschoner. Das ist nett, keine Frage. Doch ohne dahinterliegende Strategie werden es immer nur vereinzelte Werkzeuge bleiben.

Konfliktmanagement

Für mich der entscheidende Konflikt hinter der ganzen Sache: die Diskrepanz zwischen Selbstbewusstsein und Außendarstellung. Auf der einen Seite wird geklagt, dass die nötigen Unterstützungsleistungen nicht den Stellenwert im Unternehmen haben, den sie angeblich verdienen. Auf der anderen Seite findet sich nur eine höchst diffuse Beschreibung der

Unterstützungsleistung – und das BGM wird auf die Implementierung einiger einzelner Werkzeuge eingedampft. Große Töne spucken und dann einen Rückzieher machen? Wenn schon, auch bitte richtig und mit vollem Einsatz!

Ein weiterer Haken an der Sache: Der Begriff „Betriebliche/r Gesundheitsmanager/in" ist nicht geschützt. JEDE(R) KANN BGM! Und jeder hat seine eigene Meinung, wie BGM richtigerweise zu funktionieren hat. Die Szene wird beherrscht von Ärzten mit hohem faktischem Studienwissen und geringer Umsetzungskompetenz, athletisch biegsamen Fitnesstrainern, die noch nie ein Unternehmen von innen gesehen haben – und dann sind da ebenfalls die unvermeidlichen Mentalcoaches.

Das sagt der Konfliktnavigator

BGM ist aus meiner Sicht garantiert kein Trend, der in den nächsten Jahren wieder verfliegt. Mitarbeiter sind die wichtigste Ressource eines Unternehmens – es ist daher höchste Eisenbahn, dass sich Führungskräfte dessen bewusst werden und entsprechend handeln. Und das erfordert eine professionelle Implementierung durch alle Ebenen hindurch. Damit meine ich nicht, dass sie alles selbst umsetzen müssen. Doch sie sind gefordert, sich in ihren Unternehmen für das Thema BGM stark zu machen, den richtigen Partner für die Umsetzung ins Boot zu holen – und selbst als Vorbild voranzugehen, wenn es in die Praxis geht.

Das Ziel: ein gesundes Unternehmen mit gesunden Mitarbeitern. Das funktioniert jedoch nur, wenn Eigenbild und Fremdbild auch zueinander passen. Um den Wunsch nach der gebührenden Anerkennung und Sichtbarkeit zu erfüllen, müssen folgende Thesen gelten:

- BGM ist essenzieller Bestandteil im „New Work" Verständnisses jedes Unternehmens.
- BGM benötigt ein starkes Mindset bei allen Beteiligten.
- BGM traut sich, neue Standards im Unternehmen einzuführen.
- BGM Marketing in der Company ist offensiv.
  - Führungskräfte sind die Ansprechpartner und Vorbilder.

Burn-out als Krankheit anerkannt – Schade

03/2020

Das war letzte Woche DIE Schlagzeile schlechthin – WHO erkennt Burn-out als Krankheit an! Was ich dazu sage: Schade! Doch bevor Sie sich jetzt direkt aufregen und darüber ereifern, was der Michalski für ein gefühlloser Trampel ist – Moment.

Lassen Sie mich erst mal die Fakten geraderücken. Tatsächlich ist die WHO zurückgerudert, nachdem sie zunächst von Burn-out als Krankheit sprach. Das stimmt so nicht mehr, Burn-out wird vielmehr als Syndrom anerkannt werden. Und nicht ab sofort, sondern erst ab 2022, wenn der neue Katalog ICD-11 in Kraft tritt.

Warum ich mich aufrege? Ganz einfach: Ich sehe eine große Gefahr darin, Burn-out auf diese Weise im Volksmund als Krankheit anzuerkennen – auch wenn das auf dem Papier nicht stimmt. Denn so ist mancher unsensible Arbeitgeber zukünftig schnell geneigt, abwehrend die Hände zu heben und sich aus der Verantwortung zu stehlen. Frei nach dem Motto: „Krankheit? Damit habe ich doch nichts zu tun …" Ungefähr so, wie wenn sich ein Mitarbeiter erkältet und fiebrig ins Büro schleppt. Ist ja seine Sache! Den viralen Befall hat der Chef schließlich nicht zu verantworten.

Aus meiner Sicht droht uns dadurch eine fatale Verschiebung der Beteiligungsraten bei der Entstehung von Burn-outs. Denn ein Burn-out springt einen nicht von allein an – und es ist auch nicht via Tröpfcheninfektion übertragbar. Zahlreiche Studien belegen, dass das Gefühl des Ausgebranntseins vor allem aus chronischem Stress am Arbeitsplatz resultiert. Und dafür sind Führungskräfte definitiv verantwortlich! Wer Menschen führt, gibt ihnen nicht nur Aufgaben und nickt Ergebnisse ab, sondern trägt auch die Verantwortung für die körperliche und seelische Gesundheit seiner Mitarbeiter.

Konfliktmanagement

Und was sorgt für Unwohlsein am Arbeitsplatz? Natürlich Konflikte! Sie müssen kein Psychologe sein, um zu erkennen, dass das Leistungsvermögen und die Stimmung sinken, wenn das Team entzweit ist, Kollegen Kleinkriege austragen oder sogar gemobbt wird. Und nicht nur bei der Belegschaft rutscht das Wohlbefinden ab, sondern auch in der Kasse: Die KPMG-Konfliktkostenstudie von 2009/2012 geht davon aus, dass 10 bis 15 Prozent der Arbeitszeit für Konfliktbewältigung verbraucht wird und dass sich die Summe der Konfliktkosten auf mindestens 20 Prozent der gesamten Personalkosten beläuft. Nur, dass wir mal drüber gesprochen haben. Das ist kein Kavaliersdelikt. Hier herrscht dringender Handlungsbedarf für alle, denen die Gesundheit ihrer Mannschaft am Herzen liegt! Dass es nicht damit getan ist, einen Mediator zu bestellen, der den Konflikt beilegt, sollte klar sein.

Tipp vom Konfliktnavigator

Die Anerkennung von Burn-out als Syndrom ist ein Schritt – entscheidend ist, wie es an dieser Stelle damit weitergeht. Betriebliches Gesundheitsmanagement ist so ein Thema, das in der letzten Zeit oft in einem Atemzug mit Burn-out genannt wurde. Aus meiner Sicht ein Schritt in die richtige Richtung – vorausgesetzt, da geht es nicht nur um Obstkörbe, eine Jogginggruppe und ein Nichtraucherseminar. Was hier nötig ist, ist ebenso eine grundlegende Veränderung im Umgang mit Konflikten in Unternehmen. Ich bin überzeugt davon, dass die Etablierung einer umfassenden Konfliktsystematik in Unternehmensleitbildern und natürlich in den Köpfen aller Beteiligten einen signifikant positiven Einfluss auf die Zahl von Burnout-Erkrankungen hat.

Konfliktkosten konkret

09/2020

- Nach einer Studie des Hernstein-Instituts werden durchschnittlich ca. 15 % der täglichen Arbeitszeit in Deutschland durch Konflikte gebunden. Führungskräfte wenden 30 bis 50 % ihrer wöchentlichen Arbeitszeit direkt oder indirekt für Konflikte oder Konfliktfolgen auf.

- Konflikte, die zu Behandlungskosten und Ausfälle am Arbeitsplatz führen, belasten die Volkswirtschaft, laut AOK-Fehlzeiten-Report, mit Summen in Höhe von über 40 Mrd. €.

- 2,3 Milliarden Euro pro Jahr schätzungsweise betragen allein die Kosten für Fehltage durch Mobbing.

- In Firmen bis zu 100 Mitarbeiter entstehen jährliche Konfliktkosten von 100.000 bis 500.000 Euro. In größeren Betrieben können es nach Berechnungen der KPMG-Wirtschaftsprüfungsgesellschaft auch weit mehr sein.

- Insgesamt beträgt der volkswirtschaftliche Schaden durch Konflikte in Deutschland nach Schätzung des Instituts der deutschen Wirtschaft 50 Milliarden Euro jährlich.

- Fehlzeiten- 100 Euro und 400 Euro an Kosten entstehen je Fehltag und Mitarbeiter. Durchschnittliche Kosten pro Mobbingfall zwischen 25.000 und 50.000 Euro. Es besteht ein nachgewiesener Zusammenhang zwischen lang andauernden Konflikten und Fehltagen.

- Fluktuation- 50 % und mehr der Kündigungen durch den Mitarbeiter selbst beruhen auf ungelösten Konflikten. Bei bis zu 90 % der Kündigungen durch den Arbeitgeber werden Konflikte als Grund für die Kündigung genannt. Kosten im Zusammenhang mit einer Neueinstellung (Personalsuche, Einarbeitung, unbesetzte Stelle): Normale Fachkraft ca. 7.500 Euro, qualifizierter Facharbeiter ca. 25.000 Euro, Führungskraft ca. 200.000 Euro.

- Minderleistung- 27 % der befragten Mitarbeiter einer norwegischen Studie geben Konflikte an Arbeitsplatz und im Betrieb als Grund für geringere eigene Leistung an.

- Projektarbeit-50.000 Euro verliert laut der KPMG jedes zweite Unternehmen jährlich nur durch gescheiterte und verschleppte Projekte. In jedem zehnten Unternehmen sogar mehr als 500.000 Euro.

- Anteil an Gesamtkosten- 19 % der Gesamtkosten machen die Konfliktkosten nach einer aktuellen Studie in kleinen und mittleren Betrieben aus.

Nju Wörk- wie mal wieder eine Utopie verraten wird!

08/20019

Nach meinem Rhythmik-Studium fand ich 1989 meinen ersten Job an einer Atem-, Sprech- und Stimmlehrer Schule für Bewegungslehre und Klavierimprovisation. Da diese staatlich anerkannt war, gab es Noten und somit auch Konferenzen. Als Lehrersohn waren mir diese Konklaven vertraut und alle meine Befürchtungen bewahrheiteten sich live- endlose Diskussionen, nur unterbrochen durch Momente wohliger Schläfrigkeit durch Sauerstoffmangel. Damals äußerte ich mehr im Scherz, Zeugniskonferenzen im Stehen bei offenem Fenster und ohne Getränke durchzuführen.

Kürzlich sah ich eine Sammlung agiler Techniken, darunter Daily-Standup-Meetings: effiziente Statusmeetings, tägliche Besprechungen im Stehen.
Ich war damals schon ein Nju Wörker- sogar radikaler!

Der austro-amerikanische Sozialphilosophen Frithjof Bergmann begründete so um 1980 seine Sozialutopie, die den Kapitalismus ablösen würde – ein Gegenmodell und nicht Ergänzung und Steigbügelhalter.

Ich treibe mich seit mehreren Jahren in dieser Szene herum, in Netzwerken, Founders loungen, auf klassischen Thementagen bei Kammern und Verbänden. Und mein Eindruck ist, dass Elemente dieser

Idee herausgerissen werden und als ihnen als neues goldenes Kalb zu mehr Umsatz und Gewinn gehuldigt werden.

Kleines Beispiel für diese Kontextverschiebung: Bergmann versteht unter Freiheit nicht Entscheidungsfreiheit zwischen Alternativen, sondern Handlungsfreiheit.

Konsequenterweise müssten alle agilen Unternehmen in genossenschaftliche Modelle umgewandelt werden.

Ne ne, soweit wollen ja nicht gehen! Ein bisschen Rumsrcummen, mobile Arbeitsplätze in Rollcontainern, Meetingräume im Asia-Look, veganes Mittagessen und die Generation Y und Z durch Carsharing geködert.

Zum Zeitpunkt meiner oben erwähnten Rhythmik-Ausbildung war gerade afrikanisches Tanzen en vogue. Bei einem Workshop fragte ich den Originalleiter, was das für ein Tanz sei, an dem wir uns versuchten. Nach seiner Antwort – Fruchtbarkeitstanz - leerte sich die Aktionsfläche schlagartig.

Kontext ist King!

Ich ändere den Facebook Algorithmus

03/2020

Es irritiert mich immer wieder, wenn Menschen durch Posts ankündigen, dass sie dieses Wunder vollbringen.

Ironiemodus an: Das ist das Gleiche, sich auf eine Klippe zu stellen und sich vorneigend lauthals zu verkünden „Ich widerspreche der Schwerkraft!" Kann mann/frau machen, Ergebnis vorhersehbar und ungünstig.

Ein Algorithmus ist ein Rechenvorgang nach einem bestimmten Schema, das von Menschen vorgegeben ist. Mit Eingabe von Gewicht und Körpergröße (Anfangszustand) wird der Body-Mass-Index (Endzustand) berechnet- die Formel, die der Mensch hinterlegt hat, lautet BMI = Gewicht geteilt durch Körpergröße zum Quadrat.

Das Gleiche macht Facebook mit dem ehemals so titulierten Edgerank oder neuerdings Newsfeed Algorithmus. Einflussgrößen waren/sind Affinität (Anzahl und Qualität der vergangenen Interaktionen (Kommentare, Likes, Shares …), Gewichtung (Kommentar oder Like), Timing und Aktualität. Weiterhin nur Text oder mit Bild/Video, Livevideo….. So richtig weiß keiner, wie das funktioniert- Betriebsgeheimnis!

Ach so- ist der Ironiemodus schon aus?-egal!

Was mir Angst macht, ist die digitale Amnesie, die sich dabei zeigt. Wir reden von Digitalisierung und Medienkompetenz und einfache Mechanismen der Bits und Bytes sind noch vielen Menschen verschlossen. Aber kräftig mit diskutieren!

Wieder mal Einstein „Wenn die Menschen nur über das sprächen, was sie begreifen, dann würde es sehr still auf der Welt sein!"
Wäre aber klüger gemäß „Si tacuisses, philosophus mansisses." – „Wenn du geschwiegen hättest, wärst du ein Philosoph geblieben."

Besserwissermodus aus!

P.S. Bildung ist die wichtigste Investition in die Zukunft- auch bei Erwachsenen!

Wert(e) und Konflikt(e)

08/2016

Es gibt über 340 Wörter mit der Anfangssilbe „Wert-"

Mir wurde erst durch das Klammer-(e) deutlich, dass dieses Wortspiel ein immenses Bedeutungssynonym darstellt.

- wert(e)voll
- Wert(e)verlust
- Wert(e)schätzung
- Wert(e)papier
- Wert(e)stoffhof
- Wert(e)schöpfungskette

Höre ich von einem wertvollen Unternehmen, taucht sofort die Frage auf, worin der/die Wert(e) bestehen.

Wertvoll zu einem Stichtag ist ein Unternehmen, wenn es alle Mitarbeiter/innen entlässt und dafür Maschinen kauft. Ziehen Sie da mit Ihrem Wirtschaftsprüfer Bilanz ;-).

Der Begriff „Werte" wird aktuell in der Beratungsszene stark strapaziert. Als Chef weiß man/frau gerade nicht, um was sich neben Achtsamkeit, Resilienz, Stressbewältigung, Employer Branding, Content Marketing, Storytelling, emotional/neuronales Online-Marketing noch zu kümmern ist.

Aus der Bruchrechnung kommt mir das kgV (kleinste gemeinsame Vielfache) in den Sinn, also die kleinste Zahl, die durch beide Zahlen teilbar ist.

Sind das die Werte, die den Wert eines Unternehmens ausmachen? Entsteht aus Werten der Wert eines Unternehmens?

Beim Konfliktmanagement regeln die Werte die Rahmenbedingungen und grenzen die Spielregeln ab. Sie geben die Argumentationsrichtung in der Debatte vor und werten! damit das Gewicht und die Kraft der Worte. Und schließen ggf. den Kampf als Interaktionsform aus, außer natürlich bei Firmen, wo Darwin zum Erfolg gehört (ohne jede Ironie und Bewertung!).

Bei Konflikten sind immer Gefühle im Spiel. Sie entstehen, wenn die eigenen Werte missachtet, ignoriert und/oder verletzt werden.

Meine fünf Werte lauten in der Reihenfolge: Freiheit, Zielorientiertheit, Robustheit, Respekt und Spaß!

P.S. Mein Verständnis von Werten geht über die in vielen Leitbildern verwendeten Worthülsen wie Ehrlichkeit, Offenheit, Flexibilität, Eigenverantwortung, Nachhaltigkeit und Co. weit und noch weiter hinaus.

Seien Sie jetzt Fels in der Brandung und souveräner Chef!

05/2020

Stellen Sie sich bitte vor, Sie hätten einen Verwandten in einer Pflegeeinrichtung oder Krankenhaus. Sie rufen dort an, um zu erfahren, wie es ihm/ihr geht. Als Antwort bekommen Sie folgende Aussage: „Der Blutdruck ist 145 zu 95, Puls 76, Blutwerte sind okay und der Zucker ist eingestellt." Reicht ihnen das? Natürlich nicht, denn sie sind in Sorge oder haben sogar Angst und da nutzt Ihnen sachliche Informationen relativ wenig.

Es ist erfreulich, dass wir aktuell mehr über unsere Emotionen in der Gesellschaft reden können. Das hilft auf der einen Seite, reicht aber nicht aus, weil die entscheidende Brücke zum Handeln fehlt.

Emotionen sind Botschafter von Bedürfnissen!

Wir Menschen haben 3 Grundbedürfnisse: Sicherheit, Zugehörigkeit, Wachstum. Letzteres ist gerade nicht angesagt.

Jede Emotion zeigt einen unzureichenden Füllzustand von Bedürfnissen an. In der Krisenkommunikation ist es wichtig, Menschen auf der Bedürfnisebene abzuholen, ihnen Sicherheit über Klartextaussagen zugeben und dem Gemeinschaftsgefühl zu versichern: Ja, es ist hart mit a), b), c) und Sie sind nicht allein!

Die 5 P der Krisenkommunikation lauten aktuell:

1. persönlich
2. permanent
3. passend
4. publik
5. professionell

1)   Wenden Sie sich persönlich und in Ihrem individuellen Stil an die Mitarbeiter oder Angehörige Ihrer Gruppe! Also reden, wie der Schnabel gewachsen ist.

2)   Informieren Sie regelmäßig! Wie oft schauen Sie im Newsticker oder auf die sozialen Medien, um up to date zu sein - vermutlich mehrmals täglich und deshalb permanent.

3)   Vermeiden Sie allgemeine Floskeln und richten Ihre Worte speziell auf die Zielgruppe aus! Das stärkt die Zusammengehörigkeit.

4)   Nutzen Sie alle Kanäle, ob Print, Audio, Mitarbeiterrundmails, Aushänge in Produktionshallen oder bevorzugt Video! Nicht alle haben alle Medien zu Verfügung.

5)   Hollywood Qualität ist nicht notwendig! Einfache Bordmittel, technisch sauber reicht und nach einer klaren Struktur, die die Bedürfnisse erreicht.

Letztendlich ist die alles entscheidende Frage, die sich jeder Konsument ihre Botschaft stellt: Was nutzt es mir? Was habe ich davon? Macht es ich sicherer"? Ein konkretes Modell, um eine Videobotschaft zu strukturieren, ist Folgende:

- Benennen der Tatsachen und realen Situation mit faktischer Untermauerung.
- Darstellung der daraus resultierenden Folgen und Konsequenzen.
- Äußern des eigenen emotionalen Anteils oder den vermuteten für die Zielgruppe
- Formulierung einer Bitte, Wunsches oder Forderung
- Dabei formulieren Sie knapp, klar, präzise und schweigen dann.

Fast Food ersetzt nicht den Essensgenuss und Digitales nicht die Bühne

05/2020

Zwei Jahre Vorbereitung für eine Premiere…

…auf einer echten Bühne der Hannover Messe.

Das StreitPaar Schweizer & Michalski war fest eingeplant für einen Auftritt mit ihrer neuen Dramedy-Keynote "Seid nett zueinander!". Als Experten mit langjährigen Erfahrungen sollten wir uns in frotzliger Art und Weise auf der großen Bühne präsentieren.

Dann kam Corona und alles, wirklich alles wurde gestrichen! Umschwenken auf ein Onlineformat? Warten auf bessere Zeiten? Nein, sondern beides. Eine Bühne kann nicht imitiert werden. Genauso wenig wie ein Fast Food einen echten Gaumengenuss.

Zwei Silver-Ager bäumen sich gegen den digitalen Authentizismus auf: Die Entstehung der Dramedy-Keynote, den Knick durch Corona und das mentale Aufbäumen bieten wir als Story und „live und in Farbe" als Dramedy-Keynote an.

Der Wertschätzungswahn:

09/2017

Warum mit Harmoniesucht die Wirtschaft Milliarden Euro verbrennt!

Firmen als Wellnessoasen: Feel-Goodmanagerinnen, kostenlose Smoothies, Wellness- und Fitnessangebote, Lounges zum Entspannen.

Wertschätzung bedeutet, dass sich alle Menschen unabhängig von ihrer inneren Haltung und Einstellung wertschätzen.

Wenn ich im Supermarkt bin und mir von einem Rentner zweimal den Einkaufwagen in die Hacken gefahren wird und der sich dann lautstark stark darüber beschwert, dass keine zweite Kasse aufgemacht wird. Außerdem noch, dass die junge Azubine mit Kopftuch sowieso nicht mehr richtig Deutsch kann.

Wissen Sie was: Ich werde diesem Menschen keine Wertschätzung gegenüber zeigen und ich möchte es auch nicht.

Wenn mir ein Betriebsratsmitglied sagt: Ich mache sowieso der Dienst nach Vorschrift und wenn Sie über 200 Mitarbeiter gehen, werde ich komplett freigestellt und schaue mir an, wie sie arbeiten. Dann werde ich nicht wertschätzend diese Menschen gegenüber sein und ich will es auch nicht. Ich würde dem Betriebsrat eher Tiernamen geben.

Trauen Sie sich diesem Wertschätzungswahn und dem undifferenzierten Zukleistern von Problemen, Konflikten oder ähnlichem Einhalt zu gebieten.

In meinem Bekanntenkreis gibt es einen Sozialarbeiter, der sich durch unermüdlichen Einsatz und hohes Engagement zur Leitungsposition hochgearbeitet hat. Dieser junge Mann hat mit einer Lese-Rechtschreibschwäche ein Bachelor Studium abgeschlossen.

Das ist für mich ein Held; ein Held als Vorbild für seine Kinder als auch ein Held in der Art und Weise, wie er sein Leben und seine Einschränkungen meistert. Das ist für mich wertgeschätzt zu werden. Ich mache Wertschätzung von Werten abhängig.

Es gibt ein Kuriosum in dem Dorf, wo ich wohne. Den Brauch des Guten Montag: Seit 1594 treffen sich immer alle Mitglieder der Gemeinde unter der alten Linde. Es gibt eine Bürgerfragestunde, die Politik erzählt, was sie geleistet hat. Im Rahmen dieser Festivals stand ich dann noch zum Schluss am Bierzelt, aß Bratwurst, trank mehrere Biere und hörte den Dorfbewohnern zu. Am anderen Tag sagte meine Nachbarin zu mir: Mensch Christoph, die Leute hätten geäußert: „Mit dem kann man sicher wunderbar unterhalten." Ich habe den ganzen Abend nichts gesagt, nur zugehört.

Menschen fühlen sich verbunden, wenn sie in Meinungen Äußerungen eine gemeinsame Schnittmenge haben. Schwierig wird es, wenn es keine Überschneidungspunkte gibt. Hier ist es Aufgabe der Führungskraft, eine Brücke zwischen den Menscheninseln zu bauen.

Mut haben, eigene Werte zu formulieren und die als Prämisse, als Fahne in den Wind zu hängen und damit Menschen um sich zu scharen, die ähnliches Denken und Fühlen.

Dieser Wertschätzungswahn hat für mich etwas wie verbrannten Apfelkuchen mit ganz viel Sahne zu überdecken; in der Hoffnung, dass es keiner schmeckt. Sehen tuts keiner, aber in dem Moment, wo sie reinbeißen, merken sie es und sind enttäuscht.

Ich war Geschäftsführer eines Bildungsträgers. Dazu gehörten regelmäßige Schulleitertagungen. Auf einer dieser im Jahr 2004 ging es um innovative Projekte, die der Arbeitsagentur angeboten werden können. Bei der lebhaften Diskussion stach ein Schulleiter mit ausgefeilten Ideen hervor, von dem ich wusste, dass ich ihn nächste Woche entlasse- sein Schulstandort wurde auf Anweisung des Inhabers geschlossen. Können Sie mein Dilemma verstehen? Die sprudelnden Ideen, die Bewunderung hervorriefen – auf der anderen Seite die Gewissheit, dass er es nicht umsetzen wird. Geben Sie mir hier einen Ansatzpunkt für Achtsamkeit, Empathie, gelungene Kommunikation. Das ist Tagesgeschäft-Härte-egal, was ich tue-ich habe sowieso verloren.

Der Wertschätzungswahn grassiert ähnlich wie Achtsamkeit. In Zusammenhang taucht er immer wieder auf in Vorträgen, wenn es um das Äußern von Kritik geht, um Mitarbeiteransprache und um Führung. Wertschätzung ist das mittlerweile meistgebrauchte Wort, es hat ein ähnliches Gewicht wie Belästigung und Mobbing.

Viele von ihnen können sich an die Verfilmung des „fliegenden Klassenzimmers" von Erich Kästner erinnern. In der Schlussszene nimmt der Pilot einen Schüler auf seinen Schoß damit der das Flugzeug fliegen kann. Diese Szene wäre heute undenkbar in einem Film, gut so, denn sie Sensibilität der Öffentlichkeit ist wachsam.

Vor anderthalb Jahren war ich alleine im Schwimmbad in der Männer-Umkleidekabine, trocknete mich gerade ab, als ein kleines Kind in den Raum kam – ich habe um Hilfe gerufen, um jedem Missverständnis aus dem Wege zu gehen. Skurril und angemessen.

Wenn der Mitarbeiter auf sie zukommt und er sagt: „Ich fühle mich nicht wertgeschätzt!", gehen sofort alle Alarmglocken an und es gleicht einer emotionalen Erpressung. Manager sind im Würgegriff der Wertschätzung und mein Impuls ist, sich dagegen zu wehren. Zu Wehren nach dem Prinzip des Aikidos- der Energie nachgeben und sie in eine neue Richtung lenken. Denn Sie sind als Führungskraft in der Zwickmühle, die Wertschätzung: zu geben und gleichzeitig erfolgreich als Manager zu agieren und hier meine ich den wirtschaftlichen Erfolg. Das Pendeln ist in einen extremen Ausschlag geraten.

Grundsätzlich begrüße ich außerordentlich die Sensibilisierung für den Menschen statt des Mitarbeiters. Es sind bahnbrechende Beispiele- Bodo Jansen Upstalsboom, es gibt spirituelle Richtung. Sie alle sind ein Gewinn, die Arbeitswelt zu verändern und den Rahmenbedingungen anzupassen.

Mein Problem damit ist der damit verbundene Stress für den Manager.

Die Definition von Wertschätzung lautet: Wertschätzung oder bedingungslose positive Wertschätzung ist ein Fachbegriff aus der klientenzentrierten Psychotherapie von Reinhard Tausch, Carl Rogers und anderen davon beeinflussten Therapieformen. Wertschätzung bezeichnet die positive Bewertung eines anderen Menschen. Sie gründet auf eine innere allgemeine Haltung anderen gegenüber. Wertschätzung betrifft einen Menschen als Ganzes, sein Wesen. Sie ist eher unabhängig von Taten oder Leistung, auch wenn solche die subjektive Einschätzung über eine Person und damit die Wertschätzung beeinflussen.

Diese innere Einstellung, diese innere Haltung ist ein Werkzeug der Professionalität in der helfenden Rolle und ist nicht einfach auf das Business zu übertragen.

Die Frage oder Aussage „Sie schätzen mich nicht!" kann, ich betone kann ein versteckter Vorwurf, vorhin sprach ich von emotionaler Erpressung sein.

Konters Sie ihn ab sofort mit dem japanischen Selbstverteidigungsprinzip und der Frage:

„Welche Werte haben Sie zu bieten/vertreten Sie, die ich schätzen kann!"

Diese Aussage oder Frage ist ein Hilferuf nach Sichtbarkeit (wieder so ein Modewort), dem sie offen begegnen müssen, bitte nicht lapidar oder in Worthülsen besänftigen.

Bitten Sie eine Tabelle zu erstellen, in der Werte deutlich werden und die Erscheinungsform benannt wird, wie Wertschätzung sichtbar wird.

Wert	Erscheinungsform
Freiheit	eigenen Entscheidungsrahmen
Zielorientiertheit	Klare Ansagen, wohin es geht
Respekt	persönliche morgendliche Begrüßung nicht die Formulierung „Mädels" als Wort für Kolleginnen
Robustheit	Wer austeilt, muss auch einstecken können
Spaß	lockere Atmosphäre in Meetings am Anfang gibt es ein Gimmick der Woche zu Auflockerung

Nehmen Sie die Diskussion um Wertschätzung als Startpunkt, den Spirit ihrer Firma zu verändern, die Mitarbeiterbeteiligung aktiv zu fördern, also die innere Haltung dazu zu „changen".

Das ist der Beginn eines Prozesses zum Thema Unternehmensphilosophie und Leitlinien.

Einige von Ihnen mögen innerlich die Augen verdrehen. Wahrscheinlich haben sie unzählige Stunden, viel Zeit und Nerven in solche Workshops investiert. Herausgekommen sind kleine Broschüren für die Mitarbeiter, die in Schubladen vegetieren und ein goldgerahmtes Prachtexemplar im Eingangsbereich.

Mit meinem Vorschlag initiieren sie das, was ein Manager am besten kann:

Andere Arbeiten lassen!

Genau das erreichen Sie mit der Frage: „Welche Werte an Ihnen soll ich schätzen und wie möchten Sie das erleben?

Die Zwei-Faktoren-Theorie oder auch Motivation-Hygiene-Theorie von Frederick Herzberg stammt aus dem Jahr 1959. Faktoren von 1763 Ereignissen während der Arbeit, die zu extremer Zufriedenheit führen: Erfolgserlebnis, Anerkennung, Arbeit selbst, Verantwortungsgefühl´. Hört, hört!

Faktoren von 1844 Ereignissen während der Arbeit, die zu extremer Unzufriedenheit führen: Firmenpolitik und Verwaltung. Wir reden vom Jahr 1959 als Erkenntnispunkt.

Bullshit Bingo und andere Zeitverschwendungen

05/2018

Bingo ist ein weitverbreitetes Gesellschaftsspiel, das in der Jugendsprache als „Fermentieren und Chillen für Silverager" bekannt ist. Es existiert ebenso im Businessbereich unter dem Namen Bullshit Bingo. Immer wenn Sie eine der vorgegebenen Worthülsen hören, streichen Sie diese durch.

Haben Sie in einem Vertriebsmeeting eine Reihe, Spalte oder Diagonale komplett durchgestrichen, dürfen Sie aufstehen und laut „Bingo" rufen. Erheiternd- irritierend- beschämend!

BULLSHIT-BINGO				
Wer war eigentlich dafür verantwortlich?	In meiner alten Firma	die andere Abteilung	Lassen Sie uns ganz neu denken!	So geht das nicht weiter!
Ich habe gleich gesagt	Eine Studie sagt	Normalerweise wäre	Das war nicht vorauszusehen!	viel zu wenig Budget
viel zu wenig Zeit	Wenn die Geschäftsführung uns nicht	Mit DEN Ressourcen war das nicht zu schaffen!	beim letzten Projekt	Lassen Sie uns brainstormen!
Gestern ging's noch!	Es geht doch um was ganz anderes!	Ich verstehe das nicht!	Eigentlich hätten die	Der Markt zeigt, dass
Auf dem Dashboard war nichts zu sehen!	Pffffff	Fokussieren wir auf	Wäre ich verantwortlich gewesen, dann	Machen wir mal eine Pause!

Dieser nicht ganz ernst zu nehmende Tipp ist ein Sinnbild für die Entstehung von Konflikten in Vertriebsteams. Unterschiedliche Persönlichkeitsstrukturen treffen aufeinander, pendeln zwischen den Polaritäten ich- wir, mein Erfolg- unser Erfolg, Einzelkämpfer- Team, Gewinner-Verliere, Karriere- Gemeinwohl usw. Wenn dieses mentale Tohuwabohu nicht aufgedröselt und sauber transparent aufgezeigt wird, entsteht ein solches Phrasendreschen.

Zum Grundverständnis des Artikels vorweg zwei Anmerkungen zu den Themenblöcken Konfliktdefinition und Konfliktkategorien.

Die Konfliktdefinition hilft beim Verständnis für die Entstehung von Konflikten. Emotionen sind die Tabascospritzer beim Aufeinanderprallen unterschiedlicher Persönlichkeiten: Botschafter von unerfüllten Bedürfnissen.

Sie sind also stark gekoppelt an Persönlichkeitsausprägungen und eigene Wertesysteme. Erstere können durch verschiedene Testverfahren wie DISG, MBTI, LUXX-Profile modellhaft, ich betone modellhaft, im wahrsten Sinne des Wortes sichtbar gemacht werden. Gegenpolige Ausprägungen entwickeln kein Verständnis für einander und da hat es auch keinen Zweck, darüber zu debattieren. Womit wir bei den Kategorien sind. Debatten in Vertriebsteams sind höchstens für den Bingozettel, können also per vorgestellter Definition nicht zum Erfolg führen. Das Miteinander spielt sich an der Grenze zwischen Spiel und Kampf ab. Natürlich hat die Kategorie Kampf in diesem Umfeld nicht zum Ziel, den Kollegen zu vernichten und auch die Behauptung, dass es keine Regeln gibt, trifft in diesem Falle nicht zu. Gesunde Rivalität, lustvolles Ringen um den ersten Platz und gemeinsam Erfolge feiern sind die Rituale dieser Zunft.

Um mal einen tierischen Vergleich zu ziehen- Vertriebler sind wie Vollbluthengste, die gemeinsam auf einer Koppel stehen. Da geht es hoch her, die Rangfolge wird permanent infrage gestellt und die Aufgabe des Besitzers ist es, für die kollektive Zielerreichung zu trainieren.

Dazu gehört es, die individuellen Eigenheiten und Stärken jedes Einzelnen zu unterstützen und sie von Aufgaben entbinden, die nicht ihrem Naturell entsprechen. Regelmäßiges Training und Leistungsüberprüfung spannen an und fördern den Wettbewerbscharakter, der Kraftquelle für diese Spezies ist. Wer schon einmal bei einer Hengstparade eine Postkutsche als 16-Spänner erlebt hat, weiß, welche unbändige Power und zielgerichtete Dynamik in so einer Formation steckt.

Was heißt das konkret für die Konfliktbewältigung in Vertriebsteams?

- Debatten abkürzen.
- Motive und Werte der anderen als Persönlichkeitsmerkmal anerkennen.
- transparente und konsistente Regelwerke aufstellen.
- Verletzung der Spielregeln sanktionieren und bei groben Fouls Rote Karten verteilen.

- Individuelle Belohnungs- und Anreizsysteme aufbauen.
- Firmeninterner Entscheidung über die Sportform: Individualsport – Mannschaftssport
- Feiern von Erfolgen.
- Vertriebsleiter sind Sportpsychologen und keine Trainer.

Wenn diese Gedanken bei Ihnen auf Widerstand stoßen, ist das Ziel dieses Artikels erreicht. Denn dann habe ich bei Ihnen klärende Kraft von Konflikten genutzt, ihren persönlichen Standpunkt zu überprüfen und gegebenenfalls zu verändern.

Um mit den Bingo Hülsen zu sprechen: allzeit fette Beute!

Erfolgreiches Teamwork statt dicke Luft

07/2019

Auf den richtigen Werte-Primer kommt es an!

„Konflikte? Sowas gibt es bei uns nicht!" Kommt Ihnen diese Aussage bekannt vor? Dann sollten Sie vielleicht mal – im übertragenen Sinne – ein Wattepad mit Make-up-Entferner zücken und schauen, was sich hinter der schönen Fassade verbirgt. Denn Konflikte sind wie Bakterien: Sie sind überall, erst mal mit dem bloßen Auge nicht zu erkennen – und verheerend in ihrer Wirkung, wenn man sie zu lange ungehindert wuchern lässt. „Eine kleine Auseinandersetzung unter Kollegen wird schon nicht so schlimm sein, das ist doch nur menschlich!" – ein weiteres abwiegelndes Argument, das mir oft begegnet. Keine Frage: Konflikte sind so alt wie die Menschheit, angefangen bei Adam, Eva und der Geschichte mit dem Apfel. Doch so, wie diese Auseinandersetzung die Beiden den Platz im Paradies gekostet hat, bringen auch Sie sich um einiges, wenn Konflikte einfach totgeschwiegen werden.

Lassen Sie es mich in aller Deutlichkeit sagen: Konflikte kosten Kohle! Und zwar Ihre Kohle. In Form von Kunden, die aufgrund der dicken Luft lieber in ein anderes Kosmetikinstitut wechseln. Oder weil sie sich schlecht beraten fühlen. In Form von Mitarbeitern, die Teile ihrer Arbeitszeit mit Lästern und Sabotage verbringen, statt an einem Strang zu ziehen. Und schlussendlich ist es auch das Image Ihres Unternehmens, das unter der scheinbar harmlosen Situation leidet.

Emotionen bringen das Fass zum Überlaufen

Aber wie entstehen Konflikte überhaupt? Am Anfang steht meist eine Situation, die rein sachlich betrachtet noch kein Weltuntergang ist. Etwa eine Mitarbeiterin, die der Kundin aus Unachtsamkeit etwas Make-up auf die Bluse tropft. Klassische Panne, die allerdings zum Problem wird, weil die Kundin keine Zeit hat, noch mal nach Hause zu fahren, um sich umzuziehen. Weil sie direkt im Anschluss zur standesamtlichen Trauung ihrer Cousine will, wo Fotos natürlich obligatorisch sein werden. Sie können sich das folgende Drama gerne ausmalen. Wir sind alle nur Menschen, und Menschen reagieren nun mal emotional. Emotionen sind die entscheidende Zutat, die den Topf schnell zum Überkochen bringen – und aus einer einfachen Panne einen handfesten Konflikt werden lassen.

Das gilt ebenso für Konflikte innerhalb des Teams, Stichwort Konkurrenzdenken. Natürlich belebt Wettbewerb das Geschäft – aber nur in einem gesunden Maße. Es kann definitiv nicht angehen, dass Mitarbeiter Kollegen verleugnen, um ihnen Kundentermine abzuluchsen oder ihre Arbeit schlecht machen à la „Ich finde, das passt überhaupt nicht zu Ihrem Typ. Wollen Sie nicht lieber mal eine leichtere Pflege probieren? Ich zeige Ihnen gerne, was für Sie wirklich gut passen würde …" Auch hier sind Emotionen der Dreh- und Angelpunkt. Wir alle werden von drei urtypischen Grundbedürfnissen angetrieben: Menschen streben nach Sicherheit, Zugehörigkeit und Entwicklung. Sobald eines dieser Bedürfnisse nicht erfüllt wird oder ins Ungleichgewicht gerät, schlagen wir unterbewusst Alarm, reagieren entsprechend emotional – und schon kommt der Konflikt ins Rollen.

Fairer Wettbewerb dank klarer Werte und Regeln

Eins dürfen Sie nicht außer Acht lassen: In der Beauty-Branche sind Kreativität und Individualität das entscheidende Energiereservoir, das Potenzial und die Kraft, aus dem der Anerkennung geschöpft wird. Mit anderen Worten – ein Team voller gleichförmiger grauer Mäuse wird Ihr Institut nicht zum Erfolg führen. Die Kunden wünschen sich starke Charaktere, von denen sie gerne Rat annehmen und in deren Händen sie sich gut aufgehoben fühlen. Und schließlich hat jeder auch seine eigenen Bedürfnisse und Vorlieben – Sie können ja sicher auch nicht mit jedem Menschen, oder?

Daher macht es auch vor diesem Hintergrund Sinn, unterschiedliche Mitarbeiter zu einem Team zu vereinen. Je mehr Auswahl an Projektionsflächen zur Verfügung steht, umso stärker ist letztendlich die daraus resultierende Kundenbindung, um es mal ganz wissenschaftlich zu formulieren. Doch Individualität darf kein Alibi für Rücksichtslosigkeit sein! Trotz

Konkurrenz sollte es im Team möglich und selbstverständlich sein, auch den jeweils anderen leuchten zu lassen und seine Arbeit wertzuschätzen. Damit dies gelingen kann, braucht es ein Wertesystem als Basis, das im Studio von allen gelebt wird. Ebenso notwendig sind klare Regeln für den Umgang mit Bestandskunden, Neukundenakquise und Co. Gewissermaßen wie Primer und Konturenstift, die gemeinsam dafür sorgen, dass der Lippenstift perfekt sitzt und deutlich länger hält.

Konflikte durch Kategorisierung lösen

Konflikte werden sich dennoch nicht völlig vermeiden lassen. Das ist jedoch nicht weiter schlimm. Vorausgesetzt, Ihre Mitarbeiter sind für das Thema sensibilisiert. Die gute Nachricht: Egal, wie kompliziert eine Situation auf den ersten Blick auch zu sein scheint – letztendlich gibt es nicht mehr als drei Arten von Konflikten. Und jede dieser drei Kategorien können Sie auf einfache Manier und Weise lösen:

1.   Debatte: Eine Debatte bezeichnet eine lebhafte Diskussion oder ein Streitgespräch. Grundlegendes Element der Debatte ist die Bereitschaft, seine eigene Meinung aufzugeben. Mit der Frage „Was könnte dich überzeugen?" ist leicht festzustellen, ob grundsätzlich Offenheit dafür besteht. Vertreten die beiden Kontrahenten jedoch felsenfest ihren Standpunkt, werden Sie hier nicht weiterkommen.

2.   Spiel: Ein Spiel ist ein Kräftemessen nach vereinbarten Regeln, die festlegen, wer gewinnt. Eindeutig definierte Spielregeln im Business sind zum Beispiel der Teamkodex und der Spirit einer Company. Eindeutige Regeln und Grenzen helfen Ihnen, Konflikte im Team beizulegen – etwa, dass Trinkgeld unter allen Mitarbeitern geteilt wird, dass der Telefondienst tageweise wechselt oder Interessenten im Institut nach dem „Wer zuerst kommt, malt zuerst"-Prinzip angesprochen werden. Wer sich wiederholt nicht daran hält, muss gehen.

3.   Kampf: Bei einem Kampf handelt es sich um eine Auseinandersetzung ohne Regeln, die mit der Unterwerfung oder Zerstörung des Verlierers endet. Klingt martialisch, kommt aber in einer ritualisierten Form zum Beispiel gerne in Vertriebsteams vor – oder in den Fällen, die Sie dann auf der Titelseite der Boulevardpresse wiederfinden, etwa „Konkurrentin Haarfärbemittel in Smoothie gemischt".

In diesem Sinne wünsche ich Ihnen alles Gute für ein erfolgreiches und möglichst konfliktfreies Miteinander im Team! Und denken Sie daran: Im Zweifelsfalle ein paar Konfliktschichten abtragen, um die zu Grunde liegende Emotion zu erkennen – und darauf entsprechend reagieren, um den Wind aus den Segeln zu nehmen.

Stresstest wie bei den Banken

11/2018

Sind Sie und Ihre Mitarbeiter für folgende Situationen aus dem Alltag präpariert?

- Die Bildzeitung ruft in ihrer Telefonzentrale an und fragt, was es mit der Legionellenepidemie in ihrem Hotel auf sich hat.
- Ein Lieferant ruft aufgeregt an und teilt mit, dass eine Charge seiner Lebensmittellieferung mit Maschinenöl in Berührung gekommen ist.
- An der Rezeption beschwert sich eine Mutter lautstark, dass ihr Kleinkind über Nacht von Läusebissen übersät wurde.
- In der Buchhaltung geht der Anruf der Bank ein, dass die letzte Überweisung nicht getätigt werden kann, bei der Kontokorrent Kredit ausgereizt wurde.
- Ein Mitarbeiter sieht, wie der Zimmerservice Geldscheine aus den persönlichen Sachen eines Gastes nimmt.

Wie trainiert sind ihre Mitarbeiter auf solche Konfrontation mit unangenehmen Situationen? Wissen ihre Betriebsangehörigen, ab welcher Eskalationsstufe welches Vorgehen adäquat ist? Haben Sie ein Plan fürs Konfliktmanagement?

Zum Thema Erste Hilfe sind sie gut aufgestellt- natürlich, weil ihnen da die Berufsgenossenschaften im Nacken sind. Sie trainieren ihre Mitarbeiter regelmäßig auf stabile Seitenlage und Herzdruckmassage, überall hängen Notfallpläne und jeder kennt die Notrufnummer.

Für mich ist es purer Leichtsinn und wirtschaftlich unverantwortlich, wenn Sie den Stresstests des Eingangs nicht bestehen würden. Sie laufen sehenden Auges in das Chaos.

So nun erst mal durchatmen und die Gesichtszüge entspannen lassen.

Eine adäquate Vorgehensweise bezieht sich auf zwei Ebenen – einmal auf den Prozess mit den Eskalationsstufen und zweitens in der direkten Kommunikation.

In die Eskalationsstufen sind Boxen definiert, wo jeder Angesprochene weiß, wie er sich direkt verhalten kann, welche Handlung er eigenverantwortlich ausführen kann und wo seine Grenzen für die Weitergabe an seine Vorgesetzten sind.

Das können zum Beispiel Beträge sein, über die ein Mitarbeiter aus Kulanzgründen frei und ohne Rücksprache verfügen kann. „Bei einer Buchungsreklamation kann ich einen SPA- Gutschein in Höhe von 30 € ausstellen, wenn damit das Problem restlos gelöst wird. Sollte es sich um eine Buchung für ein Kongress oder eine größere Familienfeier handeln, ziehe ich meinen Vorgesetzten hinzu. Welche Informationen sind für die Weitergabe erforderlich und müssen in Erfahrung gebracht werden, damit sich mein Vorgesetzter ein konkretes Bild von der Situation machen kann? Sollte aktuell Gefahr im Verzug sein, werde ich sofort folgende Nummer 0XXX.Xx usw.

In der direkten Kommunikation gibt es ein einfaches Modell, dem Pannen und Probleme gut gesteuert werden können:

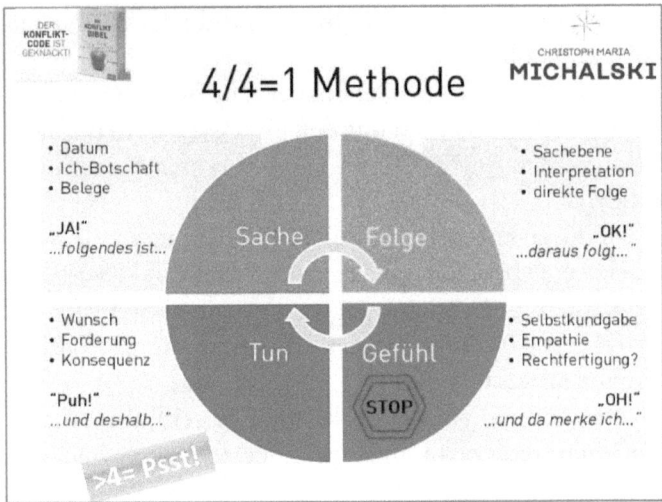

Stellen Sie sich vor, Sie stehen auf einem Steg und werfen einen Stein ins Wasser. Der zieht immer größer werdende Kreise.

Das Geheimnis der Konfliktbewältigung liegt einerseits darin, die Kreise zu begrenzen. Auf der anderen Seite ist jede Erwiderung auch mit einem ins Wasser geworfenen Stein gleich zu setzen. Physikalisch bedeutet das eine Überlagerung beider Kreismuster, die sich gegenseitig stören, eine Interferenz. Die kann verstärkend wirken, also den Gast noch mehr auf die Beine bringen oder deeskalierend.

Darin besteht die Kunst, die Interferenz zu steuern, gleichzeitig die organisatorischen Eskalationsstufen im Kopf zu haben und zu wissen, wann ich Unterstützung holen.

Kunst kommt von Können und nicht von wollen, sonst hießt es ja Wunst!.

Ein konkretes Konzept kann sein, folgende Checkliste zu achten:

1. Informationen sammeln
2. dem Gesprächspartner signalisieren, dass die Ernsthaftigkeit des Anliegens verstanden wurde.
3. Einordnung in die Eskalationsstufen
4. verschiedene Reaktionsschemata abklopfen
5. verschiedene Lösungsmöglichkeiten anbieten
6. nicht drängeln
7. verbindliche Verabredung treffen
8. ab einer bestimmten Stufe sofortige Information an die Geschäftsführung

Konfliktan

Ich sende Ihnen den Beipackzetteln postalisch zu, wenn Sie das Original in den Händen halten wollen!

KONFLIKTAN 20.000 mg
überzogene Tabletten

Lesen Sie die gesamte Packungsbeilage sorgfältig durch, bevor Sie mit der Anwendung dieses Arzneimittels beginnen, denn sie enthält wichtige Informationen.

Wenden Sie dieses Arzneimittel immer genau wie in dieser Packungsbeilage beschrieben bzw. genau nach Anweisung Ihres Konfliktnavigators an.

Heben Sie die Packungsbeilage auf. Vielleicht möchten Sie diese später nochmals lesen.

Fragen Sie Ihren Konfliktnavigator, wenn Sie weitere Informationen oder einen Rat benötigen. Auch die Konflikt-Bibel bietet Ihnen hier Hilfestellung.

Wenn Sie Nebenwirkungen bemerken, wenden Sie sich an Ihren Konfliktnavigator. Dies gilt auch für Nebenwirkungen, die nicht in dieser Packungsbeilage angegeben sind. Wenn Sie sich nach 3 Tagen nicht besser oder gar schlechter fühlen und der Konflikt droht, zu eskalieren – greifen Sie sofort zum Telefon, um gemeinsam mit Ihrem Konfliktnavigator eine Lösung zu erarbeiten.

1. Was ist Konfliktan und wofür wird es angewendet?

Konfliktan ist eine Konfliktsystematik, die Sie 1 Stunde nach Gebrauch in die Lage versetzt, 80 % Ihrer Konflikte zu steuern. Konfliktan wird angewendet zur symptomatischen Behandlung von Konflikten und / oder leichten bis mäßig starken oder nervenaufreibenden Auseinandersetzungen.

Anwendungsgebiete

Zur Behandlung von Unwohlsein, das durch inter- oder intrapersonelle Konfliktkeime verursacht wird und einer mentalen Behandlung zugänglich ist:

- Stress mit Menschen
- Unwohlsein wegen Über-oder Unterforderung
- Benachteiligung im Job
- Ignoranz im gegenseitigen Umgang
- Reibungsverluste in Unternehmen
- Projektverzögerungen
- unzureichende Veränderungsbereitschaft

2. Was sollten Sie vor der Anwendung von Konfliktan beachten?

Konfliktan darf nicht angewendet werden, wenn Sie allergisch auf gewaltfreie Kommunikation, Empathie und gesunden Menschenverstand reagieren oder unter einer der folgenden Erkrankungen leiden:

- Egozentrismus
- Selbstlosigkeit
- mangelnder Veränderungsbereitschaft
- Dummheit
- Abgestumpftheit
- mentaler Inkontinenz
- Borniertheit
- Besserwisserei

Wenn Sie sich nicht sicher sind, ob Sie dieses Arzneimittel anwenden dürfen, fragen Sie bitte Ihren Konfliktnavigator.

3. Wie ist Konfliktan einzunehmen?

Nehmen Sie dieses Arzneimittel immer genau wie in dieser Packungsbeilage beschrieben bzw. genau nach der mit Ihrem Konfliktnavigator getroffenen Absprache ein. Bitte halten Sie sich an die Anwendungsvorschriften, da Konfliktan sonst nicht richtig wirken kann. Fragen Sie nach, wenn Sie sich nicht sicher sind – nur sprechenden Menschen kann geholfen werden!

Standardanwendung

Erwachsene und Jugendliche ab 14 Jahren wenden täglich eine Dosis Konfliktan, bei schweren Symptomen zwei Einheiten pro Tag an. Nervenkitzeln und spontane, kreative Geistesblitze sind keine Nebenwirkungen, sondern Anzeichen, dass Konfliktan bei Ihnen bestens wirkt.

Spezielle Dosierungsempfehlungen

Bei akuten Beschwerden kann eine permanente Infusion von Konfliktan ratsam sein.

Anwendungsdauer

Über die Dauer der Einnahme entscheiden Sie selbst. Sie ist abhängig von der Grundstimmung und dem Veränderungspotenzial, das Sie für sich definiert haben. Studien belegen, dass die Langzeitanwendung von Konfliktan absolut risikofrei ist und bei den Probanden vermehrt zu gesteigerter Produktivität und Lebensfreude geführt hat. Eine längerfristige und/oder wiederholte Anwendung von Konfliktan kann außerdem zu einer Verbesserung der sozialen Beziehungen führen. Weiterhin sind vermehrte Glücksmomente diagnostiziert worden.

Vorsichtsmaßnahmen für die Anwendung und Warnhinweise

Bei eingeschränkter Konfliktfähigkeit bedarf die Anwendung von Konfliktan einer konsequenten Begleitung durch Fachpersonal. Bitte wenden Sie sich hierzu an den Konfliktnavigator Ihres Vertrauens.

- Bei Auftreten von Selbstzweifeln sollten Maßnahmen zur Stärkung des Durchhaltevermögens ergriffen werden.
- Während der Behandlung mit Konfliktan ist auf eine ausreichende Sozialzufuhr zu achten (bei Erwachsenen mindestens ein menschlicher Kontakt pro Tag).

- Unter der Einnahme von Konfliktan kann es zu einer Hypersensibilisierung im Umgang mit Menschen kommen. Dies ist vor allem bei stärkerem Stress und erhöhter Erwartungshaltung zu beachten.
- Jede Anwendung von Konfliktan kann zu einer temporären Vermehrung von Konflikten führen. Werden Sie sich beim Auftreten dieser Symptome bitte sofort an einen Konfliktnavigator, weil sich dahinter eine ernst zu nehmende Gegenreaktion verbergen kann, deren Nichtbehandlung kontraproduktiv ist.
- Selten kommt es zu einer Euphorie, die länger als vier Tage anhält. Teilweise sind neue Sichtweisen und Perspektiven dafür verantwortlich, die erheblichen Einfluss auf das soziale Umfeld haben. Achten Sie darauf beim Führen von Fahrzeugen oder Maschinen und im direkten Umgang mit neuen Bekanntschaften.

4. Welche Nebenwirkungen sind möglich?

Wie alle Arzneimittel kann auch Konfliktan Nebenwirkungen haben, die aber nicht bei jedem auftreten müssen.

Folgende Symptome können auftreten:

- erhöhte Sensibilität gegenüber Alltagsphänomenen. Sie werden empfindlicher, da Ihre Reizschwelle gegenüber Äußerungen von Mitmenschen sinkt.
- Menschen verringern unter Umständen den Kontakt zu Ihnen, weil Sie nicht mehr nach ihrer Pfeife tanzen.
- Mitmenschen zeigen vorübergehende Aggressivität, weil Sie lösungsorientiert agieren.
- Ihr zunehmender Erfolg im Berufsleben kann verstärkte Neidreaktionen verursachen.

Wechselwirkung mit anderen Mitteln

Wenn Sie zusätzlich zu Konfliktan noch andere Kommunikationsmittel anwenden, kann es unter Umständen zu folgenden Wechselwirkungen kommen:

- Die Kombination mit anderen Kommunikationsmodellen kann zu temporären Irritationen führen, die Ihre Handlungsfähigkeit stark einschränken. Verringern Sie in diesem Fall die Dosis dieser Komplementärmedikation.
- Es kann eine verstärkte Wirkung durch die Ausschüttung von Glückshormonen auftreten. Achten Sie bitte auf die Reaktionen Ihres Umfelds!
- Die gleichzeitige Anwendung von bewusstseinserweiternden Zusatzstoffen kann Ihre Wahrnehmungsfähigkeit und Ihr Konfliktlösungspotenzial beeinträchtigen.

Überdosierung

Bei Einnahme einer Überdosis Konfliktan kommt es zu spontanen Gefühlsausbrüchen, unerwarteter Beliebtheit, vielen Nachfragen von Mitmenschen und vermehrtem Glück. Bleibende Schäden sind ausgeschlossen, genießen Sie diese Symptome daher in vollen Zügen! Je nach Schwere der Überdosierungserscheinungen ist es gegebenenfalls ratsam, sich an einen einsamen Ort zurückzuziehen.

Anwendungsfehler

Was müssen Sie beachten, wenn sie zu wenig Konfliktan eingenommen oder eine Anwendung vergessen haben?

Wenn Sie eine Einnahme vergessen haben sollten, so nehmen Sie Konfliktan weiterhin so ein, als wenn dies nicht passiert wäre. Versuchen Sie nicht, die vergessene Einnahme beim nächsten Mal mit einer größeren Anwendungsmenge auszugleichen. Für die zuverlässige Wirkung des Arzneimittels ist es wichtig, dass Sie Konfliktan gleichmäßig und in regelmäßigen Abständen einnehmen.

Was müssen Sie beachten, wenn Sie die Behandlung unterbrechen oder vorzeitig beenden?

Bitte hören Sie nicht vorzeitig auf, Konfliktan einzunehmen. Auch wenn Sie nach kurzer Zeit beschwerdefrei sein sollten: Die Bekämpfung von Konflikten sollte unbedingt noch eine Zeitlang weitergeführt werden, um die noch herumschwirrenden Konfliktviren nachhaltig zu beseitigen.

5. Inhalt der Packung und Zusammensetzung

Zusammensetzung

Eine Einheit Konfliktan enthält 10 % gewaltfreie Kommunikation, 9 % Harvard Prinzip, 5 % Achtsamkeit, 14% Empathie, 10 % Rapport, ein Prozent Universum und 51 % Michalski.

Darreichungsform und Inhalt

Konfliktan ist in Monatspackungen mit maximal 31 Einheiten erhältlich. Konfliktan ist eine Konfliktsystematik, die Sie 1 Stunde nach Einnahme in die Lage versetzt, 80 % Ihrer Konflikte zu steuern und Konfliktkeime in Ihrem Umfeld nachhaltig zu beseitigen.

Hinweise und Angaben zur Haltbarkeit

Das Verfallsdatum dieses Produktes ist unbegrenzt. Verwenden Sie Konfliktan zu jeder Zeit und an jedem Ort.

Konfliktan für Kinder zugänglich aufbewahren!

Herstellung und Vertrieb

Der Konfliktnavigator
Christoph Maria Michalski
Barkhausener Str. 97
49328 Melle
info@christoph-michalski.de
Mobil 015781765683

Stand der Information April 2019

6. Weiterführende Informationen

Ergänzend zu Konfliktan kann „Die Konflikt-Bibel" von Christoph Maria Michalski hinzugezogen werden. Bei länger auftretenden Konfliktepisoden empfiehlt sich außerdem ein Blick ins Internet:

www.christoph-michalski.de
www.konfliktbibel.de

TBC-Trainer/Berater/Coach

08/2020

Im Laufe der letzten Jahre entwickelte ich ein Unbehagen, wenn ich als Coach, Trainer oder Berater bezeichnet wurde. Dies hat mit der ungenügenden Klarheit der Berufsbezeichnungen zu tun; keine geschützten Begriffe, keine verlässlichen Kriterien zur Beschreibung der Tätigkeiten. Meine persönlichen Anteile an dieser semantischen Unwucht habe ich noch nicht vollständig ergründet und die sind dann nicht druckreif.

Deshalb ein paar Worte zu meiner Position-.

"Im Konfliktmanagement bei Firmen brauchen Sie keinen Coach oder Mediator."

Veränderung erfordert, dass Synapsen im Gehirn, die noch nicht gut gebahnt sind, über möglichst lange Zeit hin immer wieder so oft und intensiv wie möglich aktiviert werden. Erst dann werden die NMDA-Rezeptoren geöffnet und es kann eine „Second Messenger" Kaskade in Gang kommen, auf Deutsch-neue Verhaltensweisen und Einsichten erlangen. (ansonsten sind es wissenschaftlich erklärt AMPA-Gespräche). Dies beim Coacheé anzustoßen, stellt eine hohe Gabe des Verursachers dar- selten und es erfordert auch eine Robustheit beim Impulsgeber.

In der Technik gibt es das Phänomen der Rückwirkungsabweichung: Wird ein Messgerät in eine Apparatur eingebaut, so verändert sich die ursprüngliche

Wirklichkeit. Ein Mediator, der sich emotional neutral verhält, beeinflusst den Konflikt in unkalkulierbarer Art und Weise, ob er will oder nicht. Und wir alle wissen: Durch null darf man nicht teilen!

Um nicht den ganzen Zorn der Zünfte auf meinem Haupt zu spüren: Nichts gegen diese Methoden; was mich stört, sind die Allmächtigkeitsfantasien- „mit meiner Methode verändere ich ALLES, was mir vor die Sinne kommt". Einen Familienstreit ums Erbe führt die Mediation zu einem einvernehmlichen Konsens, dabei sind keine Veränderungen der Individuen und sozialen Interaktionen als Ziel benannt- nur das Ereignis mit sehr vielfältigen Emotionen. Einem Menschen, der durch einen Schicksalsschlag im Leben torkelt, hilft ein Coach, sich zu orientieren und Halt zu finden.

Fragen Sie einen Marathonläufer oder Musiker, was er von Disziplin, langfristigem Training und mentaler Ausrichtung hält. Achten dabei auf seine im wahrsten Sinne des Worts leidenschaftliche Begeisterung im Gesicht- das ist auch die Antwort auf die Frage, ob Gefühl und Emotion für den Erfolg wichtig sind.

...über den Autor

Christoph Maria Michalski ist seit 2010 Selbst-Unternehmer und als „Der Konfliktnavigator" und Gesellschafter von Start-ups zur Digital Transformation aktiv. Als Ex-Geschäftsführer eines Bildungsträgers mit über 700 Mitarbeitenden hat er von Expansion bis GmbH-Löschung (fast) alles mitgemacht – jedes graue Haar eine Erfahrung!

Er beschäftigt sich vor allem mit Fragen um die Entstehung und das richtige Handhaben von Konflikten. Dabei verbindet er in seinen Lösungsvorschlägen kreative Ansätze mit methodischer Vielfalt und technischer Präzision. Basis dafür sind neben der unbändigen Neugier auch seine drei Hochschulabschlüsse als Diplom-Rhythmiklehrer, Diplom-Pädagoge Erwachsenenbildung und MSc in IKT-Management.

Ehrenamtlich ist er der Repräsentant Niedersachsen der Stiftung Mediation e.V.

Einfluss auf seine Arbeit/Denkweise haben weiterhin seine Leidenschaft fürs Motorradfahren und die Zauberei, denn er ist Mitglied im Magischen Zirkel von Deutschland e. V.

...weitere Informationen unter

www.christoph-michalski.de

https://www.linkedin.com/in/christoph-maria-michalski/

http://www.youtube.com und dann nach „christoph maria michalski" suchen

https://www.facebook.com/christophmaria.michalski/

oder klassisch:

Christoph Maria Michalski
Barkhausener Straße 97
49328 Melle

Mobil 01578 17 65 68 3

Bestellen Sie das Buch mit Ihrer
persönlichen Widmung direkt bei mir!

Christoph Maria Michalski

DIE
KONFLIKT
BIBEL

Wie der KONFLIKT
in die Welt kam und wie Sie ihn
STEUERN

Zeitfracht Medien GmbH
Ferdinand-Jühlke-Straße 7
99095 Erfurt, Deutschland
produktsicherheit@kolibri360.de